연구보고서 2024-53

청년 이행경로 변화의 파급효과와 인구사회정책적 함의

김문길
박소은·노법래·변소연

KOREA INSTITUTE FOR HEALTH AND SOCIAL AFFAIRS

연구진

연구책임자 **김문길** 한국보건사회연구원 연구위원
공동연구진 **박소은** 한국보건사회연구원 부연구위원
노법래 부경대학교 교수
변소연 한국보건사회연구원 연구원

연구보고서 2024-53

청년 이행경로 변화의 파급효과와 인구사회정책적 함의

발 행 일 2024년 12월
발 행 인 강 혜 규
발 행 처 한국보건사회연구원
주   소 [30147]세종특별자치시 시청대로 370
         세종국책연구단지 사회정책동(1~5층)
전   화 대표전화: 044)287-8000
홈페이지 http://www.kihasa.re.kr
등   록 1999년 4월 27일(제2015-000007호)
인 쇄 처 에코디자인   10,000원

ⓒ 한국보건사회연구원 2024
ISBN 979-11-7252-070-0 [93330]
https://doi.org/10.23060/kihasa.a.2024.53

발|간|사

저출산·고령화, 디지털 전환, 기후위기, 노동시장 이중구조화 등은 우리 사회의 질서를 빠르게 바꾸고 있다. 이 같은 변화 속에서 오늘날 청년들은 성인으로의 이행을 위한 여정에 올라 있다. 졸업-취업-주거독립-가족형성으로 이어지는 전통적인 이행 경로는 더 길어지고 다양해지고 있으며, 그 과정에서 청년 개인과 그 가족의 삶, 그리고 이들을 둘러싼 사회는 과거와는 사뭇 다른 경험을 하고 있다. 이 같은 문제의식을 바탕으로 이 보고서는 청년의 이행과정의 변화가 야기할 수 있는 미시적, 거시적 문제에 주목하고, 그 정책적 해법을 모색하기 위하여 작성되었다.

이 연구는 이 같은 분석 목적에 부합하는 정교한 분석틀을 바탕으로 이행경로의 변화(특히 지연)가 개인, 가족, 사회에 미치는 영향을 탐색하였다. 빈곤 경험과 낮은 학력이 취업, 분가, 결혼의 이행을 지연·정체시킬뿐 아니라 누적적 불이익을 야기한다는 점을 확인할 수 있었고, 이행의 지연 또는 미이행은 정신건강에도 부정적인 영향을 미칠 수 있다는 점을 실증했다. 또한 청년을 부양하는 가족(특히 부모)의 차원에서, 청년의 동거·의존 여부와 노동시장 지위에 따라 부모의 물질적, 정서적 부담이 상이하게 나타나는 것을 확인시켜준다. 거시적으로는 이 같은 변화(지연)가 지연된 이행함정을 통해 인구, 경제, 사회 전반의 부정적 파급효과를 야기할 수 있다는 점을 제시하고 있다. 이 같은 분석결과를 바탕으로 청년정책이 지향해야 할 방향성과 함께, 이행과정에 대한 지원정책에 대한 권리성을 강화할 수 있는 구체적인 방안('청년배낭')과 함께 돌봄과 기후 분야의 '참여소득형 일자리보장제'를 제안하고 있다.

성인으로의 이행과정의 지연 혹은 미이행 현상을 꼭 부정적으로 인지할 필요는 없다. 과거에 비해 수명이 길어지면서 생애과정이 지연되는 것은 중립적인 현상으로 볼 수 있고, 다양한 이행과정은 개인의 선택의 영역의 확장의 결과로 볼 수도 있다. 그럼에도 불구하고, 정책연구의 관점에서는 자신이 의도하지 않은 이행과정의 변화가 야기할 수 있는 다양한 부정적 측면에 주목할 필요가 있다는 점에서 이 연구의 가치가 인정받을 수 있기를 희망한다. 더불어, 이 연구가 가진 문제의식과 그 분석 결과가 향후 청년들의 이행을 지원하는 정책을 정교화하고, 정책대응력을 높이는데 기여할 수 있기를 기대한다.

이 연구는 김문길 연구위원의 책임하에, 원내 박소은 부연구위원, 변소연 연구원, 그리고 부경대학교 노법래 교수의 참여로 완성되었다. 이들의 청년정책에 대한 관심과 연구과정에서 쏟아 낸 열정에 사의(謝意)를 표한다. 또한 연구의 전 과정에서 유익한 조언을 아끼지 않은 한국청소년정책연구원의 김기헌 선임연구위원과 원내 박종서 연구위원께, 그리고 익명의 평가자들께도 감사의 뜻을 전한다. 끝으로, 이 연구에서 제시된 일체의 의견들은 본원의 공식적인 의견이 아니라는 점을 밝힌다.

2024년 12월
한국보건사회연구원장 직무대행
강 혜 규

목 차

KOREA INSTITUTE FOR HEALTH AND SOCIAL AFFAIRS

요 약 ··· 1

제1장 서론 ··· 7
　제1절 연구 배경과 목적 ·· 9
　제2절 연구 내용과 방법 ·· 15
　제3절 이론적 논의 ·· 16

제2장 청년 생애사 이행 궤적의 집단별 특성과 청년기 이후 삶의 질에 미치는 영향 ··· 39
　제1절 개요 ·· 41
　제2절 분석 방법 ·· 43
　제3절 분석 결과 ·· 48
　제4절 소결 ·· 80

제3장 이행기 특성 변화가 가족에 미치는 영향 ······························· 85
　제1절 서론 ·· 87
　제2절 분석 개요 ·· 92
　제3절 분석 결과 ·· 106
　제4절 소결 ·· 127

제4장 결론 및 정책제언 ·· 131
　제1절 주요 결과 요약 ·· 133
　제2절 이행기 특성 변화의 거시적 영향 ···································· 135
　제3절 정책제언 ··· 143

참고문헌 ··· 153

Abstract ··· 163

표 목차

〈표 2-1〉 연령별 주요 상태 비중(성별) ··· 52
〈표 2-2〉 연령별 주요 상태 비중(지역별) ······································ 55
〈표 2-3〉 연령별 주요 상태 비중(빈곤 경험 여부) ························ 59
〈표 2-4〉 연령별 주요 상태 비중(교육수준별) ······························ 63
〈표 2-5〉 청년 생애사 경험과 삶의 질(OLS, 40세) ····················· 74
〈표 2-6〉 Outcome-wide Analysis 결과(GFLasso 방식) ············ 80
〈표 3-1〉 연도별 자녀 양육 책임의 범위 변화(2003~2021) ········ 90
〈표 3-2〉 2022년 고령화고용패널자료의 자녀 연령 및 성별 분포 ···· 97
〈표 3-3〉 청년 자녀 연령대별 동거 여부 ······································ 97
〈표 3-4〉 청년 자녀 연령대별 경제적 의존 여부 ························· 98
〈표 3-5〉 청년 자녀의 동거 및 경제적 의존 여부별 분포 ··········· 98
〈표 3-6〉 동거-의존 여부별 청년 자녀 연령 분포 ······················ 100
〈표 3-7〉 동거-의존 여부별 청년 자녀 최종학력 분포 ············· 101
〈표 3-8〉 동거-의존 여부별 청년 자녀 근로 여부 ····················· 102
〈표 3-9〉 동거-의존 여부별 청년 자녀 근로자의 종사상지위 ·· 102
〈표 3-10〉 동거-의존 여부별 청년 자녀 비근로자의 구직 여부 ···· 103
〈표 3-11〉 동거-의존 여부별 2021년 경제적 지원 여부 ··········· 104
〈표 3-12〉 동거-의존 여부별 경제적 지원 이유(중복 응답 포함) ··· 104
〈표 3-13〉 동거-의존 여부별 경제적 지원 수준 ························· 105
〈표 3-14〉 2021년 조사 기준 청년 자녀의 동거 및 경제적 의존 여부별 분포 ············ 107
〈표 3-15〉 조사응답 중·장년층의 청년 자녀 유형별(2021년 기준) 성별 및 연령 현황 · 109
〈표 3-16〉 조사응답 중·장년층의 청년 자녀 유형별(2021년 기준) 최종학력 상태 ········ 110
〈표 3-17〉 조사응답 중·장년층의 청년 자녀 유형별 맞벌이 여부 ······································· 111
〈표 3-18〉 조사응답 중·장년층의 청년 자녀 유형별 일주일 평균 근로시간 ····················· 111
〈표 3-19〉 조사응답 중·장년층의 청년 자녀 유형별 총소득 및 생활비 현황 ················· 113
〈표 3-20〉 조사응답 중·장년층의 청년 자녀 유형별 생활비 유형별 지출 현황Ⅰ ·········· 115
〈표 3-21〉 조사응답 중·장년층의 청년 자녀 유형별 생활비 유형별 지출 현황Ⅱ ·········· 116

〈표 3-22〉 조사응답 중·장년층의 청년 자녀 유형별 공적연금 보험료 납부 여부 ·········· 117
〈표 3-23〉 조사응답 중·장년층의 청년 자녀 유형별 공적연금 보험료 납부 기간 ············ 118
〈표 3-24〉 조사응답 중·장년층의 청년 자녀 유형별 월평균 공적연금 수급예상액 ········ 118
〈표 3-25〉 조사응답 중·장년층의 청년 자녀 유형별(2022년 기준) 성별 및 연령 현황 · 120
〈표 3-26〉 조사응답 중·장년층의 청년 자녀 유형별(2022년 기준) 최종학력 상태 ········ 120
〈표 3-27〉 조사응답 중·장년층의 청년 자녀 유형별 자아존중감 수준 ·························· 122
〈표 3-28〉 조사응답 중·장년층의 청년 자녀 유형별 우울(감) 수준 ······························· 124
〈표 3-29〉 조사응답 중·장년층의 청년 자녀 유형별 만족도 현황 ································· 126
〈표 3-30〉 조사응답 중·장년층의 청년 자녀 유형별 주관적 사회경제적 지위 수준 ······· 127
〈표 4-1〉 청년배낭(포괄적 청년활동계좌)의 구성 요소 ··· 148

그림 목차

KOREA INSTITUTE FOR HEALTH AND SOCIAL AFFAIRS

[그림 1-1] OECD 주요국가 부모와 동거하는 청년(20-29세)의 비율 변화(2006-2022년) 18
[그림 1-2] 유럽연합 27개국 청년들의 평균 분가 연령 변화(2012-2024년) 19
[그림 1-3] 여성의 첫 출산 연령(평균)(1980년, 2000년, 2022년 또는 최근) 20
[그림 1-4] 대학진학률 추이(1990-2024) 21
[그림 1-5] 대학(전문대 포함) 휴학률 추이(1980-2022년) 22
[그림 1-6] 성별 대학졸업 소요기간 추이(2007-2024년) 23
[그림 1-7] 대학 졸업(중퇴) 후 첫 취업 소요기간 및 3개월 이내 취업자 비율 추이 (2004-2024년) 24
[그림 1-8] 첫 일자리의 근로형태(2011-2024년) 25
[그림 1-9] GDP 대비 가족지원 수단별 공공지출 비중(2019년 또는 가장 최근) 29
[그림 1-10] GDP 대비 가족지원 공공지출 비중과 부모와 동거 청년 비율 30
[그림 1-11] GDP 성장률과 부모와의 동거하는 청년 남성 비율간의 관계 35
[그림 2-1] 청년 생애사 사건의 전체 흐름 49
[그림 2-2] 청년 생애사 상태 비중 변화(성별) 50
[그림 2-3] 청년 생애사 상태의 엔트로피 변동(성별) 51
[그림 2-4] 청년 생애사 상태 비중 변화(지역별) 53
[그림 2-5] 청년 생애사 상태의 엔트로피 변동(지역별) 54
[그림 2-6] 청년 생애사 상태 비중 변화(빈곤 경험) 57
[그림 2-7] 청년 생애사 상태의 엔트로피 변동(빈곤 경험 여부) 58
[그림 2-8] 청년 생애사 상태 비중 변화(교육 수준) 60
[그림 2-9] 청년 생애사 상태의 엔트로피 변동(교육수준별) 62
[그림 2-10] 집단 간, 집단 내 변이 수준 변화(성별) 65
[그림 2-11] 상태 이행 비교(성별) 66
[그림 2-12] 집단 간, 집단 내 변이 수준 변화(지역별) 67
[그림 2-13] 상태 이행 비교(지역별) 68
[그림 2-14] 집단 간, 집단 내 변이 수준 변화(빈곤 경험 여부) 69
[그림 2-15] 상태 이행 비교(빈곤 경험 여부) 70

[그림 2-16] 집단 간, 집단 내 변이 수준 변화(교육수준별) ·················· 71
[그림 2-17] 상태 이행 비교(교육 수준별) ························· 72
[그림 2-18] GFLasso 최적 파라메터 검토 결과 ···················· 77
[그림 3-1] 부모에 대한 자녀의 의존 여부에 대한 연도별 조사항목 ············ 96
[그림 3-2] 자아존중감 척도 검사 항목 ·························· 122
[그림 3-3] 우울(감) 검사 항목 ······························· 124

요약

1. 서론

□ 연구배경

   ○ '성인으로의 이행'은 졸업-취업-주거독립-결혼 등 역할 기반 전환을 의미하며, 최근 이행 기간의 연장과 경로의 개별화·다양화가 두드러짐

   - 대학진학 확대, 경기둔화·불안정 고용, 주거비 상승이 지연을 유발

   - 대학 진학률 상승(특히 여학생) 및 휴학률 증가, 군입대·결혼·출산 시점의 변화 등 국내 지표에서도 이행지연 신호가 관찰됨

   ○ 이행경로의 변화(탈표준화, 지연)의 원인에 대해서는 다수의 연구가 존재하지만 그 파급효과에 대해서는 연구가 부족한 실정

□ 연구목적

   ○ 청년의 생애사 이행 궤적(졸업·취업·분가·결혼)의 집단별 특성을 규명하고, 이행이 개인·가족·인구사회경제에 미치는 파급효과를 분석하여 정책적 함의를 제시

□ 연구내용

   ○ 1장에서는 서론과 이론적 논의를 다룸

   ○ 2장에서는 생애사 이행궤적의 청년 이후 삶의 질에 미치는 영향 분석

   ○ 3장에서는 가족(특히 부모)에 미치는 영향 분석

○ 4장에서는 연구내용을 요약하고, 거시적 파급효과에 대한 이론적 논의와 함께 정책적 함의를 제시

□ 이론적 논의

○ 이행지연의 증거들
- (해외) 교육연장·불안정 고용·주거비 등 구조적 요인이 전반적 지연을 동반
- (국내) 대학 진학·휴학 증가, 가족형성 시점 변화 등으로 지연 양상 확인

○ 이행경로 변화가 개인에 미치는 영향
- 주관적 인식·정신건강: 이행 지연·미이행은 우울·불안 위험을 높일 수 있음(역할 불명확→정체성 혼란 경로).

○ 이행경로 변화가 가족에 미치는 영향
- 경제적 부담: 독립 지연은 부모의 부양기간 연장과 노후저축 감소→노후빈곤 위험 상승을 초래할 수 있음. 주거비가 핵심 장애요인.

2. 청년 생애사 이행 궤적의 집단별 특성과 청년기 이후 삶의 질에 미치는 영향

□ 분석개요

○ 청년기 이행 유형과 삶의 질(소득·건강·출산 등)의 연계성을 체계적으로 검토

□ 분석 방법

　○ 시퀀스 분석으로 유형을 도출하고, OLS+GFLasso로 다변량 결과·시기 효과·교락을 통합 평가

　○ 모형 튜닝: RMSE 기준으로 $\lambda \cdot \gamma$의 최적 조합을 탐색(히트맵)

□ 분석 결과

　○ 빈곤 경험과 저학력은 취업·분가·결혼 이행을 지연/정체시키며 누적적 불이익으로 연결

　○ 이행 지연/미이행 집단은 우울감이 평균적으로 높음(자아존중감 차이 동반)

　○ 취업·결혼 시점은 이후 소득·출산에 유의미한 영향(졸업·분가는 연계 약함)

　○ 소득 관련 추가 관찰(GFLasso) 결과, 졸업 미이행(대학원 병행 등)·30대 초 졸업 집단에서 평균 가구소득이 높게 나타나는 패턴(노동시장 진입·학력 구성의 선택효과 추정)

　○ 30대 초 분가가 평균 가구소득 최고. 미분가는 부모소득 포착 탓에 겉보기 소득이 높게 나타날 수 있음(계측특성)

　○ 건강·측정 이슈. 40대 표본 특성·연관성 약화로 주관적 건강은 뚜렷한 연계 약함. 다중모형의 불안정성은 GFLasso로 보완

□ 소결

　○ 초기 빈곤·저학력의 이행격차가 뚜렷 → 조기개입·연쇄성 관점 정책 필요. 정서적 안정 병행 지원 권고

3. 이행기 특성 변화가 가족에 미치는 영향

□ 서론

○ 청년기는 법적 성인이나 실질 자립 전 과도기. 주요 과업은 고등교육 이수–노동시장 진입–주거독립–결혼. 최근 이행 기간의 연장과 경로 다양화가 두드러짐

□ 분석 개요

○ 청년 자녀의 성인이행 특성 유형을 구분(경제적 의존/비의존×동거/비동거×고용형태)하고, 이에 따른 부모의 물질·비물질 상태 차이를 비교

□ 분석 결과

○ 유형화(예시 5유형): 경제적 의존 / 비의존+동거+상용 / 비의존+동거+불안정 / 비의존+비동거+상용 / 비의존+비동거+불안정

○ 자녀 측 특징: 경제적 의존은 주로 20대 초반 재학생, 비의존이라도 부모 동거와 불안정 고용이 혼재―과도기적 단계

○ 부모의 경제적 부담: 교육비·생활비 등 추가 지출이 있으나, 표본 부모의 경제수준이 상대적으로 높아 일률적 부담으로 단정 어려움(이질성 존재)

○ 이론·선행연구 정합성: 독립 지연은 노후저축 감소→노후빈곤 위험을 키울 수 있고, 주거비가 핵심 제약. 문화·상호이익 등 비경제 요인도 중요

□ 소결

　○ 가족은 지연을 완충하면서도 부담을 분담하는 양면적 역할. 주거·고용 안정화와 부모 지원의 질 개선이 병행되어야 함

4. 결론

□ 주요 결과 요약

　○ 개인사적 영향

　　- 빈곤·저학력→이행 지연/정체(누적적 불이익), 지연·미이행→우울감↑, 취업·결혼 시점→소득·출산 유의미

　○ 가족에의 영향

　　- 청년 유형별로 부모의 경제·정서적 부담이 상이. 동거·의존 여부와 자녀의 고용형태가 부담구조를 좌우

□ 이행기 특성 변화의 거시적 영향

　○ '지연된 이행 함정'이 인구(출산)·경제(수요·생산성)·사회(정신건강·가족부담) 전반의 악순환을 야기할 잠재

□ 정책 방향

　○ 생애주기 관점의 청년정책 재정렬, 보편적 접근성과 권리성 강화, 이행기 단계별 맞춤·적시 지원 체계화.

□ 정책과제

　○ 청년배낭(포괄적 청년개인활동계좌)

- '고용'이 아닌 '시민권' 기반 안전망: 이행 기간 동안 교육·고용·주거·가족 등 필요한 공적자원을 꾸러미(배낭)로 보편 제공, 권리로서의 접근 보장
  - 프랑스 개인활동계좌 등 해외 사례 참조, 국내는 '온통청년' × '복지로' 고도화와 멤버십·자격연계 통합으로 신청주의를 넘어 자동 제공에 접근
○ 참여소득형 청년일자리보장제
  - 국가가 최후의 고용주로서 사회적으로 유의미한 일자리를 보장(포스트케인지언·MMT 전통)
  - 돌봄·기후 등 공공필요 분야에 교육훈련+참여소득을 결합, 단기 질낮은 일자리가 아니라 전문직 진입 경로가 되도록 설계

주요 용어: 청년, 성인으로의 이행경로, 이행지연, 청년배낭, 일자리보장제

제1장

서론

제1절 연구 배경과 목적
제2절 연구 내용과 방법
제3절 이론적 논의

제1장 서론

제1절 연구 배경과 목적

1. 연구 배경

　청년기의 가장 핵심적인 생애과업은 '성인으로의 이행'이고, 이는 다른 생애주기와 분명히 구분되는 청년기의 특징이라 할 수 있다. 이처럼 성인으로의 이행과정을 청년기로 정의하는 것은 일정한 나이에 이르면 성인으로 칭해왔던 관습(예컨대, 만 19세에 도달한 젊은이들을 성년으로 부르고 기념하는 성년의 날과 같은)에서 벗어나 경제적 자립, 독립적인 주거, 결혼 및 가족 형성 등이 사회에서 성인으로 인정받기 위한 조건으로 여겨지는 일종의 사회적 규범에 부합한다. 한편, 성인으로의 이행과정으로 청년기를 규정하는 것은 (적어도) 최근까지는 여러 경험을 통해 점진적이고 순차적으로 이루어지는 자연스러운 변화를 반영한다는 측면에서 지지를 받을 수 있다. 이 같은 맥락에서 1980년대 서구 사회학계에서는 학교 졸업-취업-주거독립-결혼 및 가족형성의 과정까지를 성인으로의 핵심적인 이행과정으로 보고 있다. 그리고 경제적 자립에서 가족 형성으로까지 이어지는 일련의 생애과정에서 직면하는 어려움과 그 과정에서 나타나는 격차 문제에 대응하는 정책의 필요성을 고려할 때 정책적 관점에서도 중요한 의미를 가진다.
　이와 같이 성인으로의 이행과정에 있는 청년들의 생애과정은 복잡다기해지는 현대자본주의 사회에서는 불연속적이고 불안정적으로 변화하고 있다. 과거에는 청년기에 해당되는 젊은이들이 학교를 졸업하고, 안정적인 일자리를 획득하고, 자신의 집으로 독립하고, 또 결혼과 출산을 통해 새로운 가족을 형성하는 과정이 비슷한 연령대에 완료되는, 즉 표준적인 생애과정이 일반적이었다. 그러나 최근 들어 고학력화 경향에 따라 학교에 머무는 기간이 길어지고 있으며, 노동시장 환경변화에 따라 안정적인 일자리로 진입하는 과정이 보다 어려워지고, 한번 진입한 일자리에서 오래 머물 수 있는 기회가 드물어졌다. 그리고 주택가격의 급격한 인상과 공공주택 공급의 부족으로 인해 주거독립은 물론 안정적인 주거비 조달도 어려워지고 있다. 앞선 과정에서의 어려움과 미래에 대한 불확실성은 결혼과 출산 등 가족형성도 어렵게 만들고 있다. 이와 같은 사회경제적 환경변화가 야기하는 이행과정의 어려움 혹은 지연 경향과 더불어 청년들의 가치관, 사회·문화규범에 대한 인식 변화도 과거의 표준적인 이행 경향에 균열을 야기하고 있다.

우리나라에서 성인기 이행의 구조적 특징을 규명하고자 했던 초기 선행연구(문혜진, 2010; 남춘호·남궁명희, 2012)에 따르면 대략 1970년대부터 1990년대 사이에는 표준화 경향이 발견되었다면, 1990년대 이후부터 탈표준화 경향으로 변화가 일어나기 시작했다. 이병희 외(2010)는 최근 출생코호트로 오면서 대학진학률이 크게 증가하고, 결혼과 출산 시점이 늦어지는 경향이 발견되지만, 최근 코호트에서도 취업, 결혼, 출산이 순차적으로 이루어지고 있음을 확인했다. 연구 시점 상 이들 연구들이 1970년대생 혹은 1980년대 초반생 까지의 특성을 관찰하였다면, 최근 연구들(이상직, 2020; 김문길 외, 2023)은 보다 최근 코호트까지 확장하여 탈표준화 경향이 진행되고 있다는 사실을 확인하고 있다.

이와 같은 탈표준화 경향은 우리나라뿐만 아니라 서구의 주요 선진국들에서도 두드러지게 나타나고 있다. 주로 후기 산업사회에서 개인화, 노동시장 유연화, 교육 제도 변화, 가족 제도 변화 등에 따라 이행의 탈표준화 혹은 개인화 경향이 나타나고 있다는 것을 보여준다(Walther, 2006;

Billari, 2001, 2004; Billari & Aassve, 2007; Settersten, 2003, 2007, 2018; Mazzuco, 2002). 이들 연구들은 개별국가에서의 코호트별 변화뿐만 아니라 사회경제적 배경이 상이한 국가 간에도 차이가 발생하고 있음을 보여준다. 후자의 발견은 성인으로의 이행과정의 양상이 사회경제문화적 배경과 관련될 수 있다는 점을 시사한다. Walther(2006)는 이행경로의 국가별 다양성의 원인으로 노동시장 구조와 더불어 복지제도의 차이를 꼽고 있으며, Billari(2004)는 사회경제적 구조의 차이와 더불어 이탈리아를 비롯한 남유럽 국가의 가족주의적 문화도 이행의 지연과 탈표준화의 요인으로 보고 있다.

즉, 성인으로의 이행과정의 탈표준화 혹은 개인화 경향은 우리나라뿐만 아니라 서구 선진국에서도 뚜렷하게 발견되고 있으며, 이 같은 경향에는 교육제도, 노동시장 구조, 가족제도, 복지제도가 영향을 미치고 있다는 것을 알 수 있다.

그러나 구조적 혹은 환경적 요인 이외에도 이행과정의 탈표준화는 후기 근대사회의 개인화된 삶의 양식에서도 영향을 받는다(Beck, 1992; Beck and Beck-Gernsheim, 2002; Billari, 2004; Settersten & Ray, 2010). 이들 연구들은 후기 근대 사회로 오면서 전통적인 사회규범이 약화하고, 개인의 선택권이 확장되면서 성인으로의 이행 경로를 주체적으로 선택하고 있다는 점을 강조하고 있다.

이와 같이 오늘날 청년들의 성인으로의 이행과정의 변화 양상과 그 주된 요인을 규명함으로써 정책적 함의를 제시한 연구로 김문길 외(2023)가 있다. 본 연구는 이 연구의 후속 연구로, 이행과정의 변화가 야기하는 미시적, 거시적 영향을 검토함으로써, 인구사회정책적 함의를 제시하는 것을 목적으로 한다. 앞서 살펴본 것과 같이 성인으로의 이행과정의 구조적 변화와 그 특성을 관찰하고, 이와 같은 변화를 촉발하는 요인들을 규명하는 연구들은 활발히 이루어지고 있는 반면에, 이행과정의 변화가 야기할 수 있는 다양한 영향에 대한 관심은, 국내와 해외를 막론하고 부족한 실정이다. 이는 전자의 연구들이 주로 사회학적 관심에서 출발하여 그 현상과 요인 분석에 집중하면서 정책적 함의를 이끌어내는 데까지는 연구의 관심이 닿지 않았던 탓으로 생각된다. 물론 많은 연구들이 이행과정의 변화를 야기하는 부정적인 사회경제적 환경변화에 대한 대응이 필요하다는 점을 시사하고 있지만, 그 파급효과까지 고려하여 정책적 함의를 이끌어내는 데까지는 이르지 못하고 있다고 판단된다.

물론 문제적 인식이 부재한 것은 아니다. 선행연구들에서 이행과정의 변화에 대한 부정적인 인식은 주로 계층과 젠더에 따른 불평등(혹은 격차) 구조에 대한 관심에서 드러난다. 은기수 외(2011)는 취약위기계층의 이행경로를, 장미혜 외(2011)는 이행경로의 젠더 차이를 각각 관찰했으며 김문길 외(2023)는 사회계층과 젠더의 차이를 각각 다루고 있다. 한편, 김영·황정미(2013), 김혜경·이순미(2012), 이순미(2014, 2017), 최진희(2024) 등은 성인기 이행의 젠더와 계층 간 교차적 불평등을 다룬다. 해외에서도 부모의 사회경제적 지위의 영향과 젠더의 영향(Billari & Aasseve, 2001; McDonald, 2013)을 다루는 연구들이 있다. 이들 국내외 연구들은 계층과 젠더 간 격차를 해소하기 위하여 청년 고용, 주거, 결혼 및 출산, 교육 등과 관련된 제도의 개선과 더불어 젠더불평등의 실질적 해소와 성 역할에 대한 인식개선 등의 필요성을 제시하고 있다.

그러나 성인으로의 이행과정의 변화 자체가 야기할 수 있는 파급효과를 예측할 경우, 이행과정의 변화를 야기하는 부정적인 사회경제적 구조에 대한 개선이나 계층 간, 젠더 간, 혹은 그 교차적 불평등을 줄일 수 있는 정책방안을 제시하는 차원보다 더 정치한 정책적 함의를 끌어내는데 기여할 수 있을 것으로 판단된다.

따라서 본 연구는 성인으로의 이행과정 변화가 야기할 수 있는 문제들을 다각적 측면에서 규명하고 그 정책적 함의를 제시하는 것을 목적으로 한다.

이행과정 변화의 영향은 크게 세 가지로 구분해서 살펴보고자 한다. 먼저, 이행기를 거치고 있는 청년 개인의 생애사적 측면을 생각할 수 있다. 사회경제적 환경 변화에 따라 이행과정이 복잡해지고, 지연되는 과정을 겪는 청년들은 이행에 필요한 조건을 구비하기 위해서 유무형의 자본을 투여해야 하고, 그 과정에서 상당한 부담을 감수해야 한다. 또한 이행의 지연은 이후 생애에 걸친 다양한 파급효과를 유발할 수 있다. von Wachter(2020)가 보고하듯이 고실업 시기에 노동시장에 진입한 청년들의 이후 생애소득 손실과 가족형성의 어려움이나 건강악화와 같은 부정적인 영향을 경험할 가능성이 있다. 다음으로는 이행기 청년을 부양해야 하는 가족(특히 부모)의 영향을 생각할 수 있다. 높은 대학진학률의 전반적인 경향과 더불어 이른바 좋은 대학과 선호하는 학과 진학을 위해 오랜 기간 동안 많은 자원을 투입하고도 노동시장에 안정적으로 진입하지 못하는 자녀를 부양해야 하는 부모의 유무형의 부담을 고려하지 않을 수 없다. 또한 고령의 부모를 동시에 부양해야 하는 상황에서 자신들의 노후를 안정적으로 준비하기 어려운 측면이 있고, 이는 이후 노인빈곤의 위험을 노정한다 할 수 있다. 마지막으로, 이행과정의 복잡함에서 야기되는 이행기간의 연장, 그리고 이행의 중단은 사회경제적으로도 파급효과를 가질 수 있다. 저출산 고령화 진전에 따른 인구부양비가 높아지는 상황에서 이들의 경제적 안정성이 전반적으로 약화할 경우 사회보장 분담구조에 부담을 야기할 수 있으며, 결혼과 출산에 대한 부담으로 인한 가족형성의 지연 혹은 중단은 인구적 측면에서도 부정적인 영향을 야기할 수 있다.

따라서 본 연구에서는 이와 같은 세 가지 측면에서의 파급효과를 살펴보고, 그 정책적 함의를 다룰 예정이다.

본격적인 논의에 앞서 한가지 짚어야 할 문제가 있다. 이행과정의 변화를 보는 상이한 관점이 존재할 수 있다는 점이다. 즉, 이행과정의 변화(지연)를 부정적인 측면으로 볼 필요는 없다는 점이다. 사회정책적 관점에서 수행되었던 연구들은 그 부정적 측면에 주목하여 표준적 이행과정의 복원 혹은 성인으로의 원활한 이행을 지원하기 위한 정책의 필요성을 강조하는 경향이 있다(최진희, 2024. p.10). 탈표준화 혹은 개인화 경향을 사회경제적 변화의 부정적 측면에서 기인하는 결과로 볼 수도 있지만, 사회경제적 환경변화에 조응하는 개인의 선택의 결과로 보는 중립적인 관점도 존재할 수 있다. 또한 평균수명이 길어지고 생애 노동시간이 짧아지면서 여러 시퀀스와 생애 경로의 변화를 선택할 수 있는 기회가 많아진다는 긍정적인 관점(비야르, 2021. p.48)도 존재한다. 따라서 이 연구에서는 이행과정의 부정적인 측면만을 주목하지 않고, 이행과정의 변화에 대한 중립적 관점을 견지하고자 한다. 그럼에도 불구하고 정책연구의 관점을 견지하기 위하여 이행과정의 변화(지연)이 야기할 수 있는 부정적 측면에 주목함으로써 그 부정적 파급효과를 예방할 수 있는 정책적 함의를 도출하고자 한다.

2. 연구 목적

상기의 배경과 문제의식에 기초하여 이 연구의 목적은 아래와 같이 크게 두 가지로 제시한다.

첫째, 청년들의 이행경로의 특성 변화가 미치는 영향을 보여주는 것이다. 크게 미시적 영향과 거시적 영향으로 구분하여 살펴볼 것인데, 미시적 영향으로는 이행기 청년 당사자의 생애사적 영향과 청년과 동거하거나 동거하지 않더라도 경제적 지원을 담당하는 부모의 영향으로 구분해서 분석한다. 거시적 영향은 인구사회경제적 파급효과를 중심으로 살펴본다.

둘째, 이와 같은 분석 결과를 바탕으로 정책적 함의를 도출한다. 기본적으로 인구학적 관점을 견지하는 가운데, 사회경제정책적 함의를 도출한다. 또한 2020년 청년기본법 시행 이후 전개되고 있는 청년정책을 이행기 변화라는 인구학적 관점에서 재조명하고, 이를 바탕으로 청년정책의 새로운 방향성을 제시하고자 한다.

제2절 연구 내용과 방법

1. 연구 내용

제1장에서는 연구배경과 목적, 연구내용과 더불어 간략하게 이론적 논의를 다룬다.

제2장에서는 미시적인 영향의 첫 번째 연구로 성인으로의 이행경로에 놓인 주요한 생애사건들(졸업, 취업, 분가, 결혼)의 경험여부와 경험 시기가 개인사적으로 미치는 영향을 분석한다. 개인의 특성별 생애사건 경험의 차이를 반영하기 위하여 성, 거주지역, 빈곤경험 여부, 학력수준을 구분하여 분석한다. 청년기 이후 생애사적 영향은 소득, 건강상태, 정서적 특성(우울감, 자기효능감), 삶의 만족도, 자녀 수를 기준으로 살펴본다.

제3장에서는 미시적인 영향의 두 번째 주제로 자녀와의 동거 여부 혹은 경제적 지원 여부가 부모에게 미치는 영향을 다룬다. 이를 위하여 청년 자녀의 이행 특성 유형(동거여부, 경제적 지원 여부, 노동시장 종사상 지위 등)을 구분하고, 유형별로 부모가 부담하는 물질적, 비물질적 비용(혹은 효용)의 차이를 분석한다. 물질적 측면으로는 소득대비 지출 수준, 소비항목별 지출 수준을, 비물질적 측면으로는 삶의 만족도(영역별, 전반적), 자녀와의관계에 대한 만족도, 자아존중감, 우울감 등을 각각 고려한다.

제5장에서는 앞선 2개 장의 분석결과를 요약하고, 거시적 측면의 파급효과를 이론적, 직관적 수준에서 정리한다. 이어서 분석 결과의 인구사회경제적 정책함의를 제시한다.

2. 연구 방법

이 연구는 크게 세 가지 연구 방법을 사용했다. 우선 성인으로의 이행과정의 특징과 원인, 그리고 그 파급효과에 관한 국내외 선행연구들을 검토했다. 두 번째는 실증적 접근이다. 실증적 접근을 하기 위해서 국내외 관련 데이터를 수집하고, 청년들의 이행과정의 특징을 보여줄 수 있는 주요 지표들을 제시했다. 그리고 본문에 해당하는 이행과정 변화의 개인과 가족에 미치는 영향에 대해서 마이크로 데이터를 이용해서 실증분석하였다. 세 번째 방법은 해외의 연구동향과 정책현황을 수집하기 위한 해외출장이다. 성인기 이해과정의 성격과 관련되는 인구사회경제적 배경이 우리나라와 유사한 이탈리아를 찾아 관련 주요 연구자를 만나기 위해 접촉을 시도했지만 연결이 되지 않아, 일본을 선택하였다. 부록에서 비교적 상세한 내용이 담기겠지만 여기서 간략히 언급하자면, 일본은 전반적인 노동시장 상황이 우리와 달라 청년들의 성인기 이행의 첫 단계인 일자리 이행이 상당히 원활히 진행되고 있어 우리나라와 같은 이행기 지연 현상이 발견되지 않고, 이에 따라 학계나 정책파트에서 이와 같은 문제의식을 갖지는 않는 것으로 파악되었다. 다만, 노동시장 이외 주거, 가족형성 등에 관한 일본 청년들의 실태와 인식을 파악함으로써 정책적 함의를 도출하고자 하였다.

제3절 이론적 논의

1. 이행지연의 증거들

가. 해외

여기서는 국제비교가 가능한 자료를 이용해서 해외 청년들의 이행과정 또는 이행시기의 특징을 살펴보고자 한다. 성인으로의 이행 경로를 파악할 수 있는 지표는 다양하게 존재한다. 그 중에서 가장 많이 활용되는 지표는 부모와 동거하는 청년의 비율이나 부모를 떠나는(분가) 나이, 첫 출산 평균 연령 등을 들 수 있다.

먼저, 2022년 또는 가장 최신 연도 기준 주요 OECD 국가의 부모와 동거하는 20~29세 청년들의 비율을 보면 우리나라가 81%로 가장 높고, 이탈리아(80%), 그리스(78%), 스페인(77%) 등 남유럽 국가들이 80%에 육박하는 수준으로 뒤를 잇는다. 그 다음으로 슬로바키아(75%), 슬로베니아(70%), 폴란드(66%) 등 동유럽 국가들이 70% 내외의 수준으로 뒤를 잇는다. 프랑스(47%), 영국(43%), 오스트리아(42%), 네덜란드(37%), 독일(33%) 등 중부유럽 국가들이 30% 초반대에서 40% 후반대 정도까지 분포하고, 덴마크(10%), 스웨덴(12%), 핀란드(13%)와 같은 북유럽 국가들이 10%를 조금 상회하는 수준으로 가장 낮은 비율을 보인다. 이와 같은 국가별 차이는 Chevalier(2022)가 청년들을 대상으로 하는 최저소득보장과 관련된 네 가지 국가 유형(유럽에 한정) 구분에 거의 정확하게 부합한다(김문길 외, 2023: pp.45-46). 일반적인 복지국가 유형에는 독일과 프랑스는 보수주의 국가로 분류되지만, 두 국가 간에는 부모와 동거하는 청년의 비율에 큰 차이가 존재하기 때문에 Chevalier(2022)의 유형 분류는 청년층의 이행과정 특성을 비교하는데 유용하다 할 수 있다.

OECD는 주택가격과 임대료가 급격하게 상승하면서 20대와 30대가 되어도 경제적 이유로 부모와 더 오랜 기간 동거하는 청년들이 늘어나고 있다고 진단하면, 이에 따라 파트너십과 가족형성이 저해되었을 수 있다고 보았다(OECD, 2024: 34). 아래 그림에서 부모와 동거하는 청년의 비율을 2006년과 비교해 보면 대부분의 국가에서 증가한 점, 그리고 국가 간에 큰 편차가 있다는 점을 발견할 수 있다. 전술했듯이, 그리스, 이탈리아, 포르투갈, 스페인 등 남유럽 국가는 높은 수준에서 증가세를 보이는 반면, 북유럽 국가는 상대적으로 안정적이고 낮은 비중을 보이고 있다. 2006년과 2022년 사이에 이 비율이 큰 폭으로 증가한 국가로는 아일랜드(19%p), 프랑스(18%p), 이탈리아, 튀르키예(14%p), 포르투갈(13%p), 그리스(12%p) 등이고, 이 비율이 감소한 나라는 독일과 에스토니아(-8%p), 오스트리아, 핀란드와 슬로베니아(-5%p) 등으로 확인된다.

[그림 1-1] OECD 주요국가 부모와 동거하는 청년(20-29세)의 비율 변화(2006-2022년)

(단위: %)

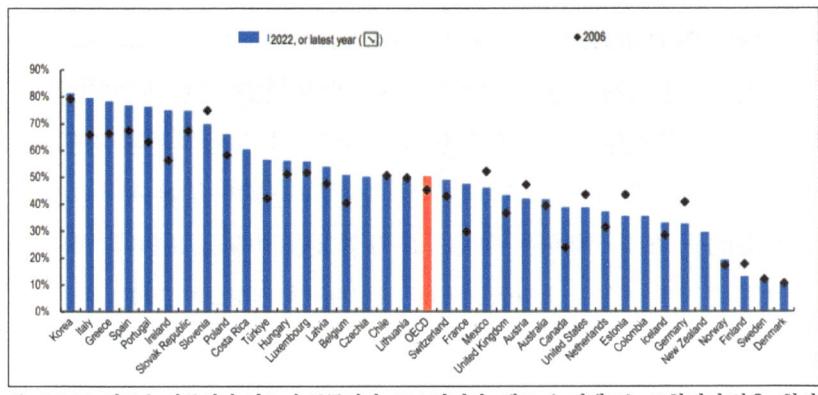

주: OECD 평균은 가중치가 없으며 콜롬비아, 코스타리카, 체코, 뉴질랜드는 포함되지 않음; 최신 데이터는 호주, 콜롬비아, 코스타리카, 헝가리, 스위스, 미국의 경우 2021년, 한국, 멕시코, 노르웨이, 스위스, 터키, 영국의 경우 2020년, 아이슬란드는 2018년, 캐나다와 칠레는 2017년; 2006년 데이터는 캐나다와 미국은 2007년, 멕시코와 스위스는 2008년 기준

출처: The share of young adults living with their parents has increased in many countries: Share of young adults aged 20-29 living with their parents, OECD, 2024. Society at a Glance 2024: OECD Social Indicators, OECD Publishing, Paris, https://doi.org/10.1787/7d5fbce0-en.

한편, 아래 그림은 Eurostat에서 제공하는 유럽연합 27개국 청년들의 평균 분가 연령 변화를 보여준다. 2012년과 2024년의 평균 분가 연령을 보여주고 있는데, 전체적으로 크로아티아, 슬로바키아와 같은 동유럽 국가와 그리스, 이탈리아, 스페인 등 남유럽 국가에서 평균 분가 연령이 높게 나타난다. 반면, 스웨덴, 덴마크, 핀란드와 같은 북유럽 국가에서는 낮게 나타난다. 독일, 오스트리아, 프랑스와 같은 유럽 대륙 국가에서는 25세 내외로 두 집단의 중간 정도 수준으로 확인된다.

2012년과 2024년 사이에 평균 연령이 크게 증가한 국가로는 스웨덴(2.0세), 그리스(1.7세), 아일랜드(1.4세) 등의 순으로 나타났고, 평균 연령이 크게 감소한 국가는 리투아니아(-2.4세), 에스토니아(-2.2세), 폴란드(-1.8세) 등의 순으로 나타났다.

[그림 1-2] 유럽연합 27개국 청년들의 평균 분가 연령 변화(2012-2024년)

(단위: 세)

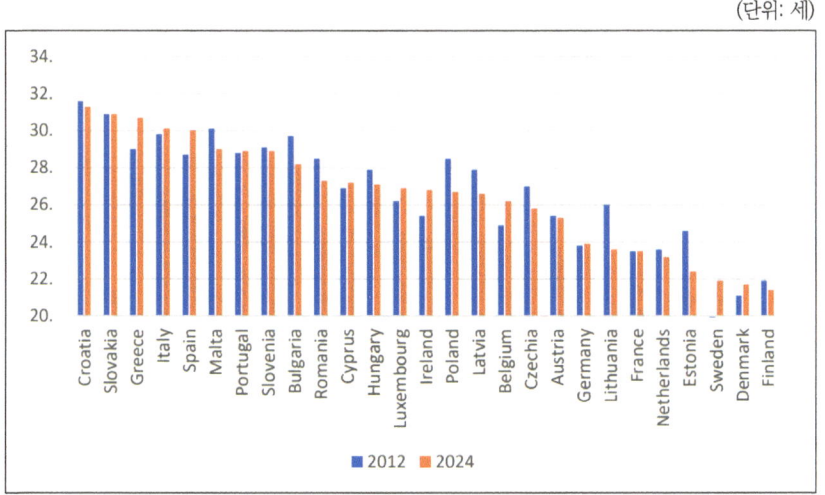

출처: Estimated average age of young people leaving their parental household., Eurostat, 2024. Retrieved from
https://ec.europa.eu/eurostat/databrowser/view/YTH_DEMO_030__custom_7245840/bookmark/table?lang=en&bookmarkId=8187eeda-6c5b-48fc-ba39-4e8cf6eee71b

지난 40년 동안 OECD 주요국 여성의 평균 출산 연령은 크게 증가했다. OECD 전체적으로 평균 출산 연령은 1980년 27세에서 2000년 28.6세, 그리고 2022년에는 30.9세로 증가했다. 20대 중후반이던 수준이 최근에는 30대를 넘어섰다. 주요 국가 유형별로 보면, 우선 우리나라는 2022년 33.5세로 비교대상 국가들 중에서 가장 높은 수준이고, 지난 20년 사이의 증가폭이 가장 큰 것으로 확인된다. 우리나라 다음으로 높은 연령을 보이는 국가들은 아일랜드, 스페인, 룩셈부르크, 이탈리아 등의 순이고, 낮은 수준에 있는 국가들은 콜롬비아, 멕시코, 코스타리카, 슬로바키아 등 상대적으로 저개발국가들에 해당한다. 앞서 분가연령이나 부모와 동거 청년비율과 같이 국가 유형별로 비교적 뚜렷이 구분되는 것과는 다른 양상을 보인다. 즉, 출산은 청년들의 독립에 영향을 미치는 다양한 인구사회경제적 배경과는 다른 배경을 가지고 있다는 점을 시사한다.

[그림 1-3] 여성의 첫 출산 연령(평균)(1980년, 2000년, 2022년 또는 최근)

(단위: 세)

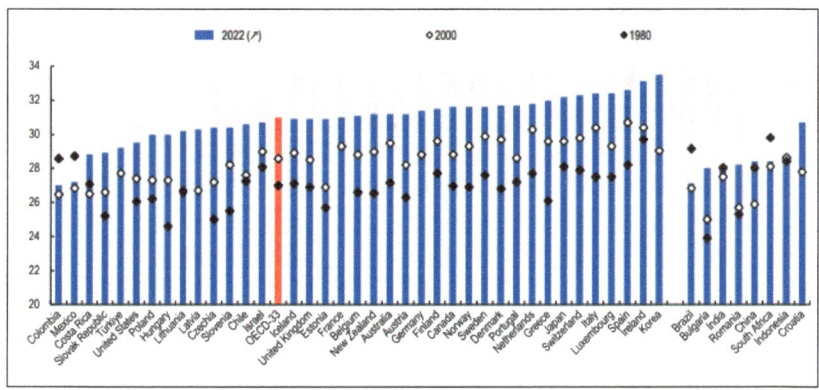

주: 영국의 데이터는 잉글랜드와 웨일즈만을 대상으로 하며, OECD-33 평균은 1980년, 2000년, 2022년 데이터를 사용할 수 있는 국가를 대상으로 계산한 것으로, 영국은 2022년 대신 2021년, 브라질과 인도는 2022년 대신 2017년, 중국은 2022년 대신 2016년, 인도네시아는 2014년, 남아공은 2011년, 남아공은 2000년 대신 2002년, 크로아티아는 2001년, 폴로니아는 1990년, 슬로베니아는 1982년, 남아공은 1980년 대신 1981년으로 계산하였음

출처: Age of mothers at childbirth and age-specific fertility, OECD, 2023, OECD Family Database, http://oe.cd/fdb, based from Eurostat demographic statistics (https://ec.europa.eu/eurostat/databrowser/product/view/DEMO_FIND) and National Statistical Offices.

나. 국내

청년들의 성인으로의 이행과정은 고등교육기관(대학) 진학에서부터 시작한다고 할 수 있는데, 아래 그림에서 보듯이 대학진학률이 1990년대 초반 30%대 초반 수준에서 빠른 속도로 증가하여 2024년에는 73.6%에 이른다. 그림에서 2010년부터 감소한 것은 집계 기준이 과거 합격자 수 기준에서 등록자 수로 바뀐 영향으로 볼 수 있다. 성인으로의 이행과정의 첫 단계에서부터 이행의 지연이 시작되고 있다고 할 수 있다.

[그림 1-4] 대학진학률 추이(1990-2024)

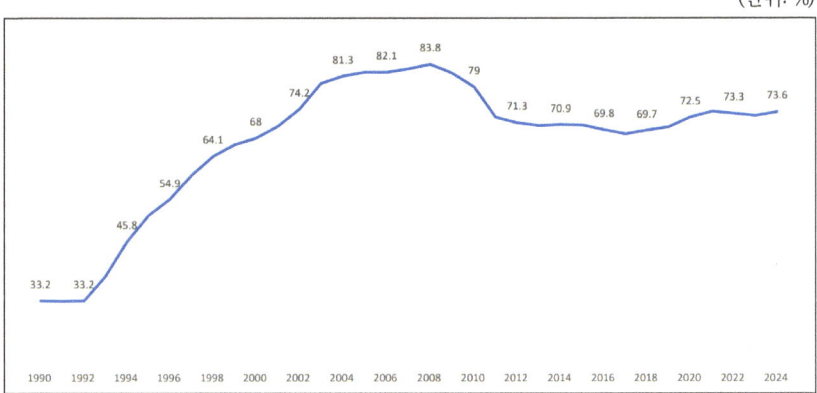

주: 2010년까지는 합격 기준, 2011년부터는 등록기준
출처: 대학진학률 추이, 교육부·한국교육개발원, 2024. 교육통계서비스. KESS(https://kess.kedi.re.kr/) 자료 인출(검색일: 2024.09.10.)

전문대 포함 대학생의 휴학률의 추이는 아래 그림에서 확인할 수 있다. 전체 대학생의 휴학률은 1980년 10.6%(남학생 13.3%, 여학생 1.5%)에서 2022년에는 24.8%(남학생 29.2%, 여학생 18.9%)로 세 배 가까이 증가한 것을 알 수 있다. 대학진학률이 낮았던 과거에는 입학하면 90%에 가까운 대학생들이 중단 없이 학업 후 졸업으로 이어지던 패턴에서 대학진락률이 크게 증가한 최근에는 4명 중 1명 꼴로 휴학을 경험하고 있는 것을 알 수 있다. 과거 10%대의 휴학생은 군입대 남학생들로 주로 구성되었다고 한다면, 최근에는 그 밖에 다양한 사유로 휴학이 선택되고 있다는 사실을 여학생들의 휴학률이 비약적으로 증가한 것으로부터 짐작할 수 있다. 과거 군복무로 인한 의무적 휴학이 최근에는 다양한 사유로 선택적 휴학으로 바뀌고 있다고 할 수 있다. 물론 최근의 휴학 사유도 자발적 선택이라고 하기에는 무리가 있다. 최근 들어 대학이 제공하는 기본적인 교육과정 이외에 다른 많은 것들이 (좋은) 일자리 이행에 필수적인 요소가 되고 있기 때문이다.

[그림 1-5] 대학(전문대 포함) 휴학률 추이(1980-2022년)

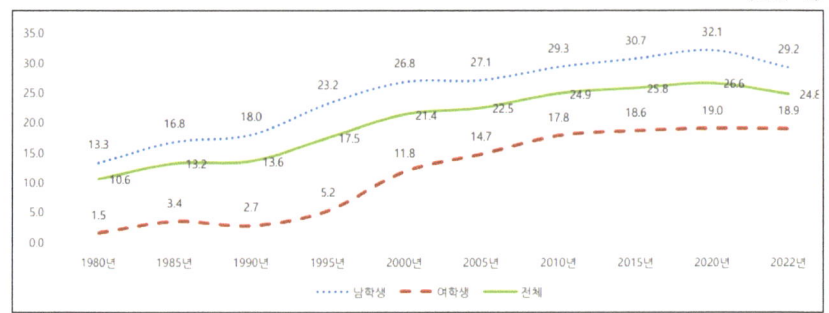

주: 휴학률 = (휴학생 수/전년도 재직학생 수) × 100. 전년도 3월 1일부터 조사 연도 2월 말까지로 교육통계연보의 4월 1일자 기준
출처: 대학(전문대 포함) 휴학률 추이, 교육부·한국교육개발원, 2024. 교육통계서비스. KESS(https://kess.kedi.re.kr/) 자료 인출(2024.09.10. 인출); 김기헌, 오병돈(2024: 10) 재인용

아래 그림은 대학졸업 소요기간의 변화를 보여준다. 전체적으로는 2007년 46개월에서 2024년 52개월로 이 기간 동안 6개월이 늘어났다. 한 학기 정도의 기간이 늘어난 것이다. 남학생의 경우는 2007년 이후 조금 증가했다가 2017년부터 조금 감소한 뒤 그 수준을 유지하고 있다. 그러나 이 기간 동안 군복무 기간이 줄어든 것을 고려하면 군복무 외 휴학 등으로 인한 졸업 소요기간이 증가한 것으로 보아야 한다. 여학생의 졸업

소요기간 증가가 전체적인 증가를 견인한 것으로 보인다. 2007년 37개월에서 2024년에는 45개월로 이 기간 동안 8개월이 늘어난 것이다.

[그림 1-6] 성별 대학졸업 소요기간 추이(2007-2024년)

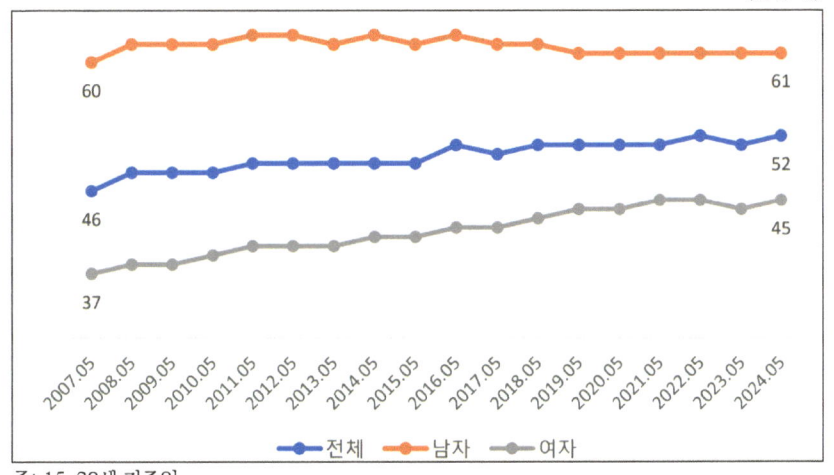

주: 15-29세 기준임.
출처: 성 및 학제별 대학졸업소요기간, 통계청 국가통계포털, 2024., 경제활동인구조사 청년층 부가조사 자료.
https://kosis.kr/statHtml/statHtml.do?orgId=101&tblId=DT_1DE9049S&conn_path=I2(2024. 9. 10. 인출)

성인으로의 이행 과정에서 가장 중요한 일자리 이행 역시 지연되고 있음을 알 수 있다. 아래 그림에서 보듯이, 대학 졸업(중퇴) 후 첫 취업에 소요되는 기간은 2004년 10개월에서 등락을 거듭하다가 2024년에는 12개월로 증가했다. 평균적으로 최종 학력을 마친 후 취업에 이르기까지 1년의 공백이 존재한다는 것이다. 또한, 같은 기간 중에 3개월 이내 조기 취업자의 비율(임금근로자 기준)은 56.3%에서 47.7%로 8.6%p 감소한 것으로 확인된다. 그림에서는 제시되지 않았지만, 12개월 이상 소요된 비율은 같은 기간 24.1%에서 30.0%로 약 5%p 이상 증가한 것으로 확인된다.

〔그림 1-7〕 대학 졸업(중퇴) 후 첫 취업 소요기간 및 3개월 이내 취업자 비율 추이 (2004-2024년)

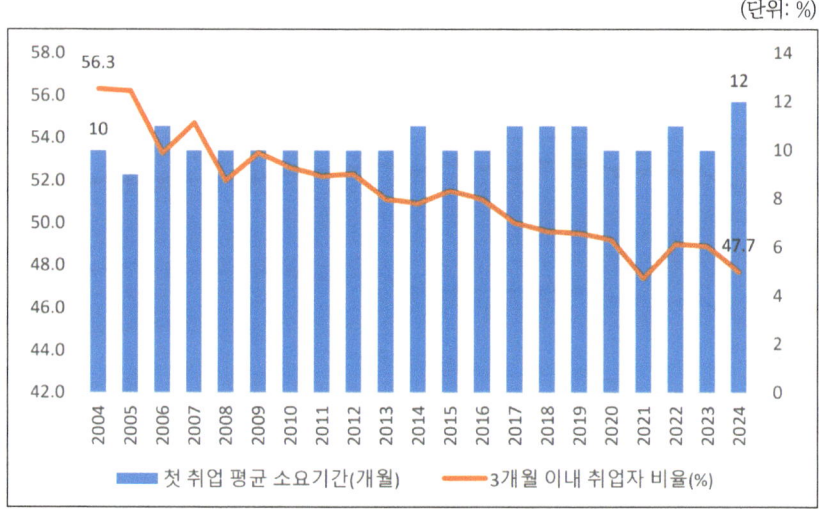

주: 15-29세 기준임.
출처: 성별/첫 취업 소요기간 및 평균소요기간(졸업/중퇴 취업유경함자, 통계청 국가통계포털, 2024. 경제활동인구조사 청년층 부가조사 자료에서 저자 가공
https://kosis.kr/statHtml/statHtml.do?orgId=101&tblId=DT_1DE9058S&conn_path=I2(2024. 9. 10. 인출)

이상과 같이 대학 진학에서부터 대학 재학, 그리고 첫 일자리 진입에 이르기까지의 과정이 시간이 갈수록 지연되고 있다는 사실을 확인할 수 있다. 이와 같이 교육 기간과 일자리 진입에 이르는 기간이 길어지는 한편, 이 같은 과정을 통해 진입한 첫 일자리의 근로형태는 최근으로 올수록 열악해지고 있다. 아래 그림에서 보듯이, 1년 이내의 계약직 일자리는 전체적으로 증가하고, 계약기간을 정하지 않은 정규직 일자리는 최근 들어 빠른 속도로 감소하고 있다. 그리고 시간제 일자리도 뚜렷한 증가세를 보이고 있다.

[그림 1-8] 첫 일자리의 근로형태(2011-2024년)

(단위: %)

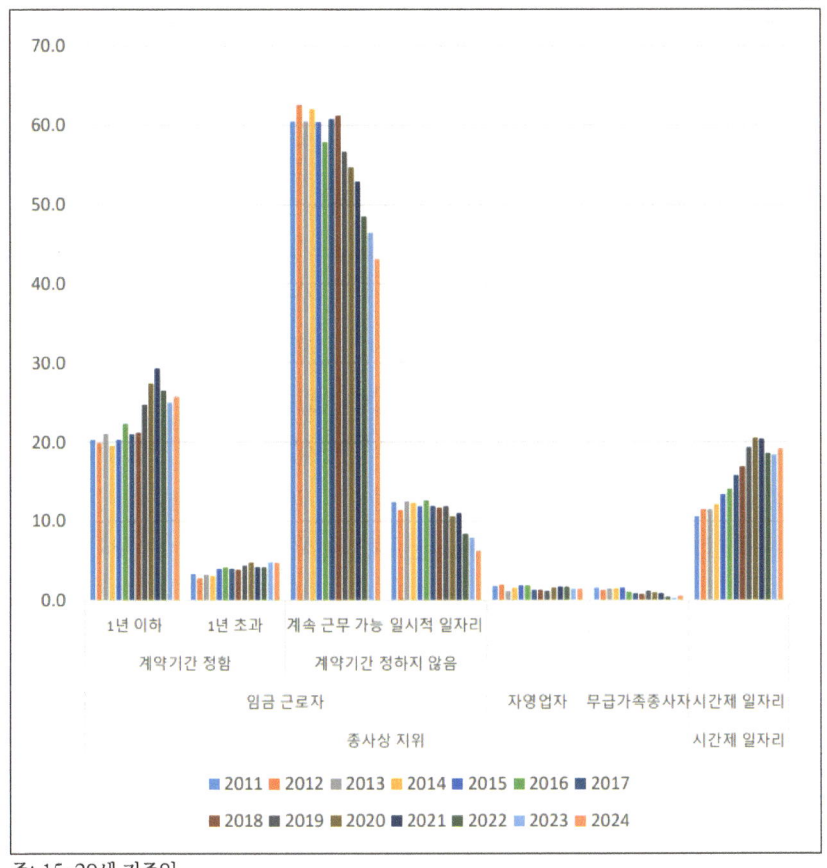

주: 15-29세 기준임.
출처: 성별 첫일자리의 근로형태(졸업/중퇴취업유경험자, 통계청 국가통계포털, 2024. 경제활동인구조사 청년층 부가조사 자료에서 저자 가공
https://kosis.kr/statHtml/statHtml.do?orgId=101&tblId=DT_1DE9062S&conn_path=I2(2024. 9. 10. 인출)

이상과 같이 교육과 일자리 이행과 관련한 몇 가지 지표들을 통해 우리나라 청년들은 최근으로 올수록 이행이 지연되고 불안정해지고 있다는 사실을 확인할 수 있다.

이와 더불어 김문길 외(2023)의 연구에서는 시퀀스 분석을 통해 최근 우리나라 청년들의 생애사적 양상을 살펴보았다. 그 결과는 크게 두 가지의 특징을 발견할 수 있었는데, 하나는 우리나라 청년들의 생애사적 양상은 짧은 시간동안 큰 폭의 변화를 경험했다는 것이고, 다른 하나는 생애사 경험에 있어서 성별의 차이가 명확하게 나타났다는 것이다. 시퀀스 분석 결과 출생 코호트에 따라 생애사 경험에서 큰 차이가 관찰됨에 따라 한국 사회에서 청년의 생애사의 양상은 짧은 기간에 큰 변화가 있었다는 점을 알 수 있다. 최근으로 올수록 결혼과 출산 경험이 미뤄지거나 청년기에 이행하는 케이스가 감소하면서 30대 이후의 삶에서 높은 이상성을 보이는 것으로 보고한다. 또한 빠르고 안정적인 노동시장 이행이나, 전업돌봄 유형과 같은 삶의 궤적이 감소함으로써 삶의 궤적의 다양성은 오히려 감소하는 패턴이 나타났다. 생애사 경험에 있어서의 성별 차이는 시퀀스 분석 결과 전업돌봄의 궤적이 주로 여성에게 나타나는 것에서 확인된다. 이와 같은 결과는 노동시장 참여와 삶의 질에 있어서 여성이 남성에 비해 복잡한 생애사적 메커니즘이 동작할 수 있음을 시사한다. 궤적 유형화에 대한 분석 결과, 남성의 경우 삶의 만족도가 노동시장 참여 수준(고용 지위)과 대체로 일치하는 양상이 포착되었지만, 여성의 경우는 그와 같은 일률적인 패턴이 관찰되지 않았다. 노동시장 참여 수준이 높은 여성의 삶의 만족도가 상대적으로 높은 수준이 아니라는 점은 노동과 돌봄의 부담을 동시에 느끼는 여성의 생애사 특성을 반영한 결과로 해석할 수 있다.

상기 연구에서는 성인으로의 이행경로에 성별 차이가 뚜렷하게 나타나고 있다는 점을 밝히고 있는데, 사회계층에 따른 이행경로의 차이를 보여주는 연구들이 있다. Billari, Hiekel and Liefbroer(2019)의 연구는 오스트리아, 불가리아, 프랑스의 종단자료를 바탕으로 사회경제적 지위(SES)가 높은 청년들이 낮은 청년들보다 부모의 집을 떠나 동거를 시작하고, 결혼하고, 첫 아이를 낳는 등 성인으로 전환하는 인구통계학적 사건은 사회적으로 계층화된다는 사실을 실증하였다. 즉, 부모의 사회경제적 지위는 청년들의 성인으로의 이행 의향(의도)(stratified socialization), 자신의 의도를 실현할 가능성(stratified agent), 그리고 기회(stratified opportunity)에 영향을 미친다는 점을 실증적으로 보여준다.

또한 최근 Karagiannaki(2024)는 영국의 종단연구를 이용하여 아동들이 성인으로 이행하는 과정을 시퀀스 분석을 통해 6개 집단으로 유형화하여 이들의 특성을 관찰 결과를 보고했는데, 영국에서 과거에 비해 성인으로의 전환이 상당히 지연되고 더욱 비표준화되고 있다는 사실을 밝히고 있다. 이와 함께 빠르고 안정적인 이행과 느리고 불안정한 이행 또는 중단 간에는 사회계층간 차이가 중요한 역할을 한다는 사실도 보여준다. 가장 낮은 사회계층의 청년들은 장기간의 비경제활동과 실업을 경험하는 집단에 속할 확률이 높은 사회계층 청년들에 비해 10배 이상 높다는 결과를 제시하고 있다.

2. 이행지연의 요인

이행의 지연 경향을 설명하는 다수의 연구들은 전반적인 고학력화 경향과 더불어 급격한 주택가격 상승에 따른 주거비 부담 증가, 노동시장 기회구조 악화와 같은 물질적 측면에 주목하는 한편, 부모와 자녀 간의 강한 유대감과 동거로 인한 심리적 안정감 등 심리적 측면도 제시되고 있다. 이와 같은 다양한 측면들이 종합적으로 고려할 수 있는 방식이 복지레짐 혹은 경제레짐과 같은 분류를 활용하는 것이라 할 수 있다.

거시적인, 혹은 국제비교 관점에서 이행과정의 특성에 영향을 미치는 요인을 검토하는 데 있어서 복지레짐 혹은 이행레짐에 따른 차이를 검토하는 것은 유용한 수단이 될 수 있다. 이 같은 레짐에 따라 이행경로의 특성이 비교적 뚜렷하게 구분되기 때문이다. 김문길 외(2023)는 해외 청년들의 이행과정의 특성을 청년 대상 최저소득보장제도, 노동시장제도, 그 밖의 사회보장제도의 특성과 대비시켜 분석했다. 주요 결과를 요약하면 다음과 같다.

먼저, 덴마크, 스웨덴, 노르웨이 등의 북유럽 국가는 강력한 사회안전망과 유연한 교육 및 직업 훈련 제도를 갖추고 있고, 이와 같은 구조적 배경에 따라 청년들은 비교적 이른 나이에 독립하며, 성평등 수준이 높고 여성의 노동시장 참여율이 높은 특징을 가진다. 한편, 독일, 오스트리아, 네덜란드 등의 중부유럽 국가들은 교육과 직업훈련 시스템이 발달되어 있어 청년들이 노동시장에 안정적으로 진입할 수 있는 여건을 제공한다. 이와 더불어 가족의 경제적 지원도 북유럽 국가들에 비해 중요한 역할을 한다. 그리고 이탈리아, 스페인, 포르투갈 등 남유럽 국가는 높은 청년실업률과 불안정한 노동시장을 특징으로 하며, 청년들은 부모와 함께 사는 기간이 길고 경제적 자립이 늦게 이루어진다. 한편, 폴란드, 체코, 헝가리 등 동유럽 국가는 체제 전환 과정에서 많은 구조적 변화를 겪었고, 경제적 불확실성으로 인해 성인 이행이 지연되고 있다. 마지막으로, 프랑스, 독일, 네덜란드 등 서유럽 국가는 다양한 이행경로를 갖추고 있으며, 개인의 선택이 강조되는 특징을 보인다.

아래 그림은 GDP 대비 가족지원과 관련된 수단별 공공지출의 비중을 보여준다. 여기에는 아동수당, 육아휴직수당, 보육지원 등을 포괄하고 있으며, 현금, 현물, 세제지원의 유형으로 구분되어 있다. 전체적으로 합계출산율이 높은 북유럽 국가들은 GDP의 약 3% 이상을 가족 복지에 지출하고 있으며, 주로 가족 서비스를 통해 지원하고 있다. 한편, 프랑스, 룩셈부르크, 폴란드, 에스토니아, 헝가리, 독일, 영국 등은 가족 복지에 대한 지출의 약 3분의 2 이상을 현금 또는 세제지원을 통해 지출하고 있다.

[그림 1-9] GDP 대비 가족지원 수단별 공공지출 비중(2019년 또는 가장 최근)

(단위: %)

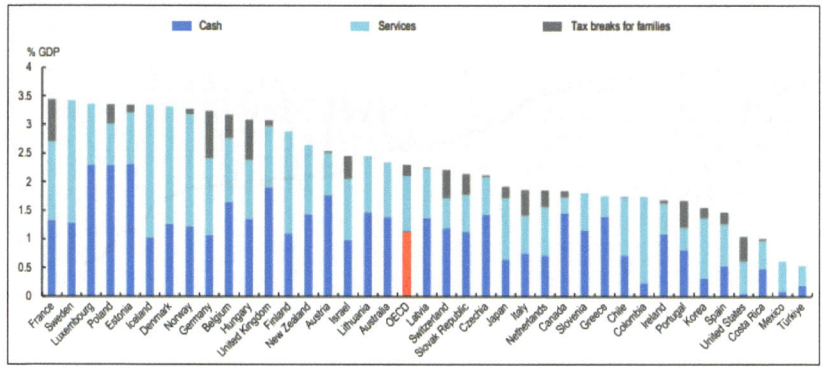

주: 여기서 집계된 공공지출은 가족만을 위한 공공 지원(예: 아동 수당, 육아휴직 수당, 보육 지원)에만 해당. 건강 및 주택 지원과 같은 다른 사회 정책 영역의 지출도 가족을 지원하지만 전적으로 가족을 지원하는 것은 아니므로 여기에는 포함되지 않음. 가족 및 지역사회 서비스에 대한 지출은 지방 정부에서 제공하거나 공동 재정을 지원하는 경우가 많기 때문에 OECD 사회지출 데이터의 범위가 제한될 수 있음. 후자는 활동 자금을 조달하기 위해 일반 블록 보조금을 받을 수 있으며, 중앙 통계 기관이 지역 지출의 특성을 자세히 파악하기에는 보고 요건이 충분히 상세하지 않을 수 있음. 지방 정부가 서비스 제공에 크게 관여하는 북유럽 국가에서는 이러한 이유로 지출 측정에 큰 차이가 발생하지 않지만, 캐나다와 스위스처럼 연방제 구조를 가진 일부 국가에서는 차이가 발생함. 아일랜드, 폴란드, 영국의 가족에 대한 세금 감면 데이터는 OECD에서 추정한 것임. 영국의 데이터는 2018년 기준임. 스위스의 세금 감면액에 대한 추정치는 국가 당국에서 제공하였음.
출처: OECD Social Expenditure database retrieved from
https://www.oecd.org/en/data/datasets/social-expenditure-database-socx.html

아래 그림은 GDP 대비 가족지원 공공지출의 비중과 부모와 동거하는 청년의 비율을 같이 보여준다. 공공지출의 수단을 고려하지 않고, 전체 비중만을 기준으로 보면, 두 지표 간의 역의 관계를 확인할 수 있다. 즉, 가족지출 비중이 높은 국가일수록 부모와 동거하는 청년의 비율이 낮고, 가족지출 비중이 낮은 국가에서는 부모와 동거하는 청년의 비율이 높은 것을 확인할 수 있다.

[그림 1-10] GDP 대비 가족지원 공공지출 비중과 부모와 동거 청년 비율

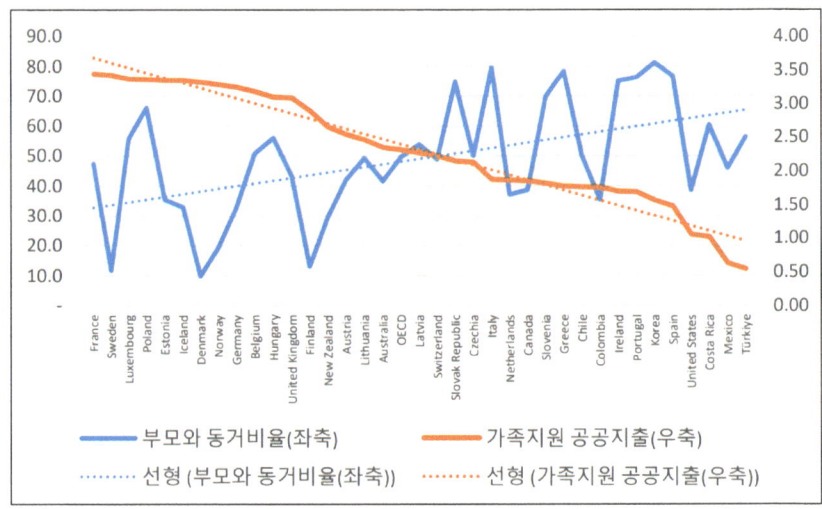

(단위: %)

출처: The share of young adults living with their parents has increased in many countries: Share of young adults aged 20-29 living with their parents, OECD, 2024. Society at a Glance 2024: OECD Social Indicators, OECD Publishing, Paris, https://doi.org/10.1787/7d5fbce0-en; OECD Social Expenditure database retrieved from https://www.oecd.org/en/data/datasets/social-expenditure-database-socx.htmld 을 이용하여 저자 작성

3. 이행경로 변화의 개인사적 영향

가. 생애소득

노동시장 진입시기는 생애근로시간에 영향을 미치고, 이는 다시 생애소득에 영향을 미친다. 생애근로시간은 생애소득에 양의 영향을 미치는데, 이는 두 가지 채널로 작동한다. 하나는 주어진 생산성 수준 하에서 생산에 더 많은 시간을 투자하는 직접적인 채널이고, 다른 하나는 인적자본에 더 많은 시간을 투자하여 미래 생산성을 제고하는 인적자본 채널이다

(Bick, Blandin, Rogerson, 2024). 교육수준에 따라 양자 간의 관계가 달라질 수 있는데, 대졸자는 고졸자에 비해 높은 초기 소득을 얻고, 생애 소득도 더 높아진다. 그러나 교육기간이 더 길어지면 노동시장 진입 시기가 늦어져 생애 초기 소득은 줄어들 수 있지만, 장기적으로 더 높은 임금 상승으로 보상을 받을 수 있다(Carnevale, Rose, Cheah, 2002).

한편, 부모와의 동거기간이 길어질수록, 즉 부모로부터 독립이 늦어질수록 생애소득의 손실이 발생 할 수 있다(Billari and Tabellini, 2010). 그러나 독립의 지연과 노동시장 성과는 계층에 따라 상이한 결과가 나타날 수 있다. 고소득층 청년은 비독립 상태에서 인적자본을 축적함으로써 안정적 일자리 진입의 기회를 확대할 수 있는 반면, 저소득층 청년은 불가피하게 '조기 독립-질 낮은 일자리 진입'의 경로를 선택해야 하는 문제에 직면하게 된다. Giannelli와 Monfardini(2003)는 이탈리아의 사례로부터, 부모 동거 청년은 유보임금이 높은데, 이는 노동시장의 기회(실업률로 측정)가 적은 환경에 따라 청년들은 인적자본 향상을 위한 투자를 선택할 수 있다고 설명한다.

나. 주관적 인식, 정신건강

성인기 이행의 지연은 높은 수준의 우울과 불안을 유발할 가능성이 있다. 이행기의 주요한 사건(취업, 결혼, 출산 등) 경험이 지연될수록 사회적 역할이 불분명해지고, 이는 정체성 혼란으로 이어져 궁극적으로 개인의 정신건강에 악영향을 미칠 수 있다(Settersten and Ray, 2010).

4. 이행경로 변화가 가족에 미치는 영향

가. 경제적 측면

청년 자녀의 독립 시기가 지연될수록 그 기간동안 부모의 부양 부담이 증가한다. 생애주기상 경제활동기간 내 축적한 저축(공적연금 포함)으로 노후소득을 확보해야 하지만 자녀의 독립이 늦어질 경우 생애저축액이 감소함에 따라 노후빈곤위험이 증가하게 된다. 즉, 가족은 청년들의 독립을 지연시키는 '연기증후군'을 강화시키는데 중요한 역할을 하는 한편, 반대로 그 희생자가 되기도 한다는 것이다.

선행연구들은 부모의 집에 머무르고자 하는 선택의 다양한 이유를 설명하고 있다. 먼저, 독립하는데 가장 큰 걸림돌이 되는 것은 역시 독립의 경제적 부담이다. 그리고 독립의 경제적 부담 중에서 가장 큰 비중을 차지하는 것은 높은 주거비용이다(Alessie et al. 2004; Mencarini & Tanturri 2006; Tanturri 2016). 그 밖에 사회적 규범(Billari와 Liefbroer 2007), 물질적, 심리적 편안함, 부모와 자녀의 상호 이익(Cook and Furstenberg 2002) 등이 부모의 집에 머무르고자 하는 요인으로 설명된다. 그러나 선행연구들은 주로 청년의 물질적, 비물질적 효용에 초점을 맞춘 나머지 부모의 특성과 행동에 대한 고려는 부족한 측면이 있다.

나. 심리적 측면

제한적이기는 하지만, 일부 연구들은 청년 자녀를 둔 부모의 주관적 인식 수준을 분석하고 있다. Manacorda and Moretti(2006)는 WVS 자료를 이용하여, 부모의 행복과 자녀와의 동거 사이에 긍정적 연관성이 있다는 사실을 밝히고 있다. 이탈리아, 스페인, 포르투갈과 같은 가족주의 문화가 발달한 남유럽 국가들은 양의 관계를 보이는 반면, 미국, 프랑스, 독일과 같은 국가들에서는 음의 관계를 보인다는 사실을 밝히고 있다. Mazzuco(2006)는 주관적 삶의 만족도와 건강 상태를 통해 행복을 측정하는 ECHP 자료를 이용하여, 프랑스와 이탈리아에서 자녀의 분가가 부모의 행복에 미치는 인과적 영향을 비교했다. 자녀가 분가를 할 때 이탈리아의 부모들은 행복 수준이 감소한 반면, 프랑스는 증가한 것으로 보고하고 있다. Alesina and Giuliano(2007)는 가족간의 유대가 약한 사회와 강한 사회를 비교함으로써, 가족 간 유대가 강한 사회는 가족 내 생산은 높지만 청년층의 노동참여(일자리 이행)와 지리적 이동성(일자리, 주거 이행)은 낮은 것으로 분석했다.

Zhang and Hammersmith(2023)에 따르면, 자녀의 교육, 결혼, 주거독립, 취업, 자녀 출산(입양), 수감과 같은 성인으로의 이행은 부모의 정신적, 신체적 건강에 영향을 미친다. 연구 결과 교육이행은 부모의 일상생활활동의 제약과 우울증을 감소시키고, 가족이행과 일자리 이행은 부모의 일상생활활동의 제약을 완화시키는 역할을 한다는 사실을 밝혀냈다.

5. 이행경로 변화의 인구사회경제적 영향

가. 인구(출산) 영향

부모로부터의 독립이 늦어질수록 자녀를 가질 수 있는 기간이 단축되어 직접적으로 출산율에 부정직 영향을 미치고, 간접적으로는 (이탈리아의) "연기증후군(postponement syndrome)"[1](Livi Bacci, 2001)을

---
1) 연기증후군(*sindrome del ritardo*)은 안정된 관계를 맺거나 자녀를 가지는 것과 같은 기본적인 결정을 스스로 내릴 수 있는 자율적이고 독립적인 성인으로 만드는 책임을 인생의 후반부로 미루는 증상. "가족의 과잉(too much family)"과 관련(Livi Bacci, 2001. p.147)

강화시켜 자녀 출산에 필요한 위험을 감수할 능력을 약화시키기 때문에 (Dalla Zuanna, 2002) 출산율에 부정적 영향을 가중시킬 수 있다. 특히 청년층에 대한 공적이전(건강, 사회보장, 교육 등) 지출 수준이 낮은 국가는 청년 자녀에 대한 사적 부양의 부담이 클 수밖에 없다. 이는 글로벌한 노동시장의 기회구조 악화 경향은 청년세대의 출산에 대한 태도를 더욱 부정적으로 만들 가능성이 크다.

아동, 청소년에 대한 공공투자 부족 → 가족의 부담 증가 → 독립과 자립의 시기 지연 → 출산에 대한 계획과 기대 하향조정(부양기간과 비용 상승 → 소자화)의 매커니즘이 작동하면서 가족의 경제적 균형점이 다자녀에서 소(무)자녀로 이동하게 된다. Furstenberg(2010)는 결혼과 가족 형성이 늦춰지면서 새로운 가족 구조가 형성되고 있으며, 이러한 변화가 인구 성장과 출산율에 영향을 미친다고 설명하고 있다.

나. 경제성장

해외 선행연구에 따르면 부모와 동거하는 남성 청년의 비율이 낮은 국가일수록 성장속도가 빠르다는 사실(상관관계)을 발견할 수 있다(Billari and Tabellini, 2010). 성인이행의 지연이 경제성장에 미치는 영향은 주로 연령대별 생산성의 차이(즉, 생산성이 가장 높은 30대와 40대의 경제성장에 미치는 영향의 매개)로 설명이 될 수 있다(Mankiw, Romer, Weil 1992; Lindh, Malmberg 1999). 이 같은 설명구조는 노동공급과 사회보장 부담능력과도 깊은 관련성이 있다.

[그림 1-11] GDP 성장률과 부모와의 동거하는 청년 남성 비율간의 관계

(단위: %)

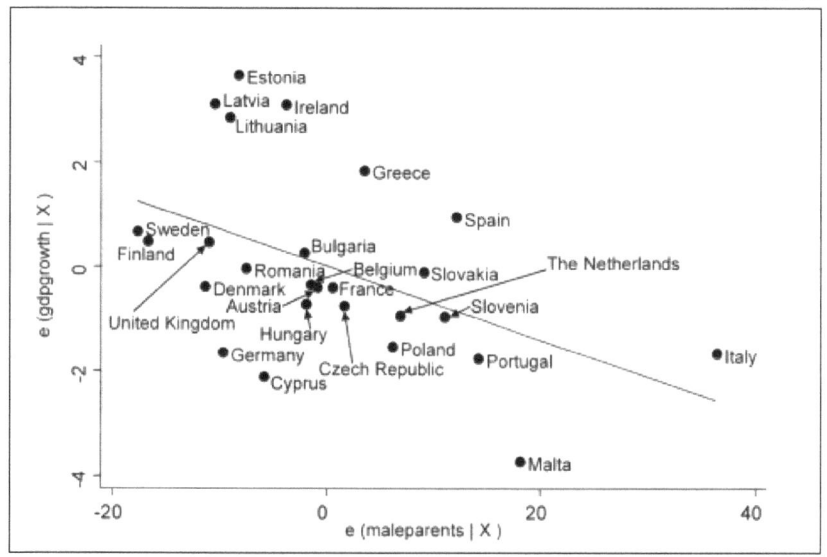

출처: 2001년 유럽연합의 GDP 성장률(2001-2005) 및 18-34세 남성 중 부모와 동거하는 비율, Billari & Tabellini, 2010.. p.389. 그림 10.2

다. 사회보장정책

사회보장부담능력은 담세능력과 더불어 공공지출 증가의 압박의 맥락에서 설명할 수 있다. 이행경로(혹은 이행패턴)의 다양화는 이행노동시장이론(TLM)의 맥락에서 사회보장 부담능력에 영향을 미칠 수 있다. 노동시장과 노동시장 주변 간의 이행이 빈번해질수록, 그리고 노동시장 주변에 머무는 기간이 길어질수록 소득지원(가정), 소득능력(교육), 소득유지(실업), 소득대체(장애, 퇴직)를 위한 공공지출 증가를 압박할 수 있다. 노동시장과 노동시장 주변 간 이행에 필요한 재정적 수요는 높은 SES(사회경제적 계층) 가정에서는 사적 부담이 가능하지만 낮은 SES 가정에서는 공공지출에 기댈 수밖에 없다. 이 과정에서 SES에 따른 이행의 성과의 격

차가 발생할 수 있으며, 이는 또 다른 차원의 사회경제적 비용을 유발할 수 있다(사회이동성 저하가 유발할 수 있는 부정적 영향).

성인으로의 이행이 지연되면 청년들이 더 오랜 기간 동안 의료, 실업, 주거, 교육 등의 지원에 의존해야 하고, 이에 대한 지원의 요구가 점점 더 커지게 되며, 결국 정부의 공공지출 확대의 압박으로 이어지게 될 것이다. 공공(사회)지출의 비중이 큰 국가들(예를 들어 북유럽 국가들)은 앞서 살펴본 것과 같이, 교육, 주거, 고용과 관련한 정부의 지원 수준이 높고, 청년들의 독립이 빨리 이루어진다(earliest-early 유형). 반대로, 복지수준이 낮고 경제적 불안정성이 큰 국가(남유럽, 동유럽)는 청년실업률이 높고, 사회주택의 비중이 낮거나 주거수당이 없거나 낮은 수준이며, 이에 따라 부모와의 동거 기간이 길고 경제적 독립을 지연시키는 경향(latest-late 유형)이 있다.

한편, 공적연금 재정에도 직접적인 영향을 미치게 된다. 특히 부과방식의 연금제도를 운영하는 국가에서 그 부정적인 영향이 더 직접적이고 크게 나타나게 된다. 노동시장 진입 지연으로 기여기간 축소(직접적 영향), 그에 따른 생애소득 감소로 인한 기여액 감소(간접적 영향), 고령화 진전으로 인한 수급자의 수급기간 연장 등은 연금재정의 지속가능성을 위협함으로써 소득대체율 인하의 압박으로 작용할 수 있다.

라. 경제적 불평등, 사회이동성, 지역불균형

부유한 계층의 청년 자녀는 교육, 경력탐색, 인적자본 계발에 많은 시간과 자본을 투자할 수 있지만, 저소득 계층의 청년 자녀는 조기 노동시장 진입 압박, 학자금 대출 부담으로 상향이동 기회 제약 등의 부정적인 영향을 받게 된다(Putnam, 2015).

교육기회와 일자리가 부족한 지역의 청년들은 장기실업, 저임금 위험 직면 가능성 증대 → 지역간 불평등 발생 → 더 좋은 기회를 찾아 좋은 기회를 제공하는 지역으로의 인구이동(두뇌 유출)으로 지역간 격차를 더욱 확대하게 된다(Florida, 2002). 지역의 경제성장과 일자리 확대는 순이동을 증가시키는 주요한 요인이 된다. 그런데 청년층은 중장년층에 비해 지역경제 성장률과 일자리 증가율이 순이동률에 미치는 영향이 큰 것으로 알려져 있어(김현우, 이두헌, 2021), 청년들의 이행과정에 영향을 미치는 조건들의 지역간 격차는 순이동의 메커니즘을 통해 그 격차를 더욱 악화시키는 요인으로 작용하게 된다.

마. 노동력, 노동시장

　전통적 정규직 일자리 진입 지연 현상에 따라 유연 근무형태에 대한 수요가 증가하면서 gig economy가 빠른 속도로 성장하고 있다. 이에 따라 임시직, 프리랜서, 시간제 일자리가 확대되면서 청년들의 고용에 따른 혜택과 직업안정성에 부정적 영향을 미치게 된다(김문길 외, 2021).

제2장

청년 생애사 이행 궤적의 집단별 특성과 청년기 이후 삶의 질에 미치는 영향

제1절 개요
제2절 분석 방법
제3절 분석 결과
제4절 소결

제**2**장 청년 생애사 이행 궤적의 집단별 특성과 청년기 이후 삶의 질에 미치는 영향

제1절 개요

본 분석의 목적은 청년기(25세~39세) 생애사의 전반적인 흐름을 관찰하고 청년기 생애사 이행 경험이 이후 삶의 질에 어떤 영향을 미치는가를 살펴보기 위한 것이다.

본 분석에서는 청년기 주요 생애사적 경험을 졸업, 취업, 독립(분가), 결혼으로 두고 각 상태의 이행 과정을 통합적으로 관찰하고자 한다. 여기서 졸업의 경우는 개인에 따라 교육 이력에 차이가 있으므로, 고등학교 졸업 이후 진학 과정이 없거나 대학교, 혹은 대학원 과정을 졸업한 경우를 모두 포함한다. 따라서 한 시점에서의 생애사적 경험의 상태 수는 16가지 경우가 존재한다.

본 분석에서는 연령에 따른 상태를 연쇄구조로 변환하는 시퀀스(sequence)를 자료를 추출하여 이를 중심으로 분석을 수행한다. 시퀀스 정보에 담긴 청년 생애사의 특징적 요소를 추출하여 분석에 활용하고자 한다. 그 특징적 요소는 하위 시퀀스에 대한 분해를 통해 관찰할 수 있는 사건 전환(event transition), 네 가지 생애사적 경험을 가졌던 연령(청년기 내에 경험이 없는 경우는 미경험), 청년기 마지막 시점(39세)의 최종상태 등으로 나눌 수 있다.

이후 삶의 질과 관련해서는 청년기 이후 시점의 소득, 건강상태, 정서특성(우울감, 자기효능감), 삶의 만족도, 자녀 수 등을 중심으로 청년기 생애사 경험이 어떤 영향을 미치는가를 살펴보고자 한다.

본 연구는 생애사 이행에 있어 집단 내, 집단 간 다양성 변화에 대한 관찰을 추가적으로 수행하고자 한다. 이를 통해서 주요한 개인 특성(성별,

거주지역, 빈곤경험, 학력)에 따라서 청년기 생애사 경험에서 어떤 격차가 집단 내외에서 연령에 따라 달라지는지 전반적인 흐름을 관찰하고자 한다.

이상의 내용을 바탕으로 분석은 세 단계로 수행된다. 첫 번째 단계는 시퀀스 자료를 바탕으로 청년기 생애사의 전반적인 전이 양상을 관찰하고자 한다. 여기에서는 연령별 상태 조합의 엔트로피 변동 수준에 대한 검토를 통해 생애사 경험의 다양성이 연령에 따라 어떤 추이를 보이는지 살펴보고자 한다.

분석의 두 번째 단계는 주요 개인 특성에 따라서 시퀀스의 격차, 혹은 변이가 연령에 따라서 어떤 변이가 나타나는지 관찰하고자 한다. 이 단계에서는 시퀀스 자료에 대한 마이닝 과정(sequence mining)을 통해서 생애사 경험의 전환(transition)이 개인 특성에 따라서 어떻게 달라지는지 함께 살펴볼 것이다. 여기서는 시퀀스 자료에 대한 discrepancy analysis 결과를 주로 다루고자 한다.

분석의 세 번째 단계에서는 청년기 이후 삶의 주요 특성과 생애사적 경험과의 관련성을 검토하고자 한다. 여기서는 네 가지 생애사 경험의 시점에 따라서 어떤 차이가 발생하는지에 집중하고자 한다. 청년기 생애사 경험이 이후 시기 다양한 변인에 어떤 영향을 미치는가를 검토하는 확산적 성격을 다루고, 청년기 주요 경험 사이에 존재하는 높은 수준의 상관성을 다루기 위해서 일반적인 OLS를 활용한 복수의 모형 검토는 결과의 신뢰성이 떨어질 가능성이 크다. 이에 본 연구에서는 Outcome-wide 분석의 한 전략으로서 GFLasso(graph-guided fused LASSO)를 활용하고자 한다.

이상의 분석을 통해서 한국 청년의 삶의 궤적이 어떤 특성을 보이고 있으며, 집단 간 격차는 어떤 양상을 보이는지 실증적인 검토가 가능할 것이다. 또한, 그와 같은 경험이 청년기 이후 삶에 어떤 파장을 가져오는가 또한 살펴볼 수 있을 것으로 기대한다. 본 분석의 결과는 생애사적 경험에 기반하여 청장년층의 삶의 질을 높이는 정책 고안에 기초 자료로 활용될 수 있을 것으로 기대한다.

제2절 분석 방법

1. 분석 자료

본 분석에서는 한국복지패널의 18차년도 자료를 모두 결합하고, 이 가운데 24세부터 39세까지의 관측자료를 추출하여 활용하였다. 따라서, 본 분석에서 다루는 관측 시점은 데이터의 생산 시점(웨이브)이 아니라 각 개인의 연령이 된다.

24세부터 39세까지의 모든 자료가 있는 케이스는 약 250건으로 한정적이다. 따라서 본 분석은 전반기 시점에(우측절단) 4년 이하의 결측이 있는 경우는 가장 가까운 시점의 상태로 이를 대체하는 방식을 취하였다. 이는 본 분석에서 다루는 생애사 경험의 시점 구분이 20대, 30대초(30~34), 30대말(35~49)이므로 20대 내의 변이는 하나로 다룰 수 있기 때문이다. 다만, 이와 같은 방식은 연도별로 상태 비율 변화를 관찰하는 기술 통계 수준에서는 부분적인 오차를 가져올 수 있다.

청년기 이후 삶의 질을 나타내는 지표로서 본 분석에서는 40세의 정보를 결합하였다. 여기에는 소득, 주관적 건강 만족도, 우울감, 자기효능감, 전반적인 삶의 만족, 자녀 수 등을 포함하였다. 우울감과 자기효능감은 한국복지패널에서 제공하고 있는 척도의 문항을 합산하여 계측하였으며, 소득은 가구원 전체의 소득의 합을 가구원 수의 제곱근으로 나눈 표준화 값을 활용한다. 기타 변수는 패널 자료에서 제공하는 단일 변수를 그대로 모형에 투입하였다.

2. 분석 방법

1) 시퀀스 마이닝

청년기 생애사 경험의 전환 과정을 다루기 위해서 본 연구에서는 생애사 경험의 종단 궤적을 연쇄구조로 다루는 시퀀스 분석(sequance analysis)을 기본 분석으로 활용하였다.

상태 변화를 다루는 방법으로서 생존분석(survival analysis)이 널리 활용되고 있으나, 생존분석과 관련된 분석 방법은 주로 단일한 사건 발생 혹은 상태 이행과 관련된 요인을 관찰하고 시간의 평균적 효과 추정에는 유리하지만 본 연구에서 관심이 있는 개인의 다양한 생애사적 경험 포착에는 적합하지 않은 측면이 있다.

여기서는 졸업, 취업, 분가, 결혼 여부를 조합하여 상태를 정의하고 그 시계열적 연결 구조를 관찰하고자 한다. 시퀀스의 시간 단위는 자료 특성에 맞춰 1년을 기준으로 하였다. 25세부터 39세까지의 상태를 관찰하기 때문에 시퀀스는 15개의 관측값으로 구성된다.

시퀀스 분석을 생애사 연구에 활용하는 기존 연구에서는 일반적으로 시퀀스에 대한 유형화(clustering)에 기반한 방법이 빈번하게 활용되어 왔다. 다만, 이와 같은 방식은 시퀀스에서 관찰되는 복잡함과 노이즈를 비교적 간명하게 다룰 수 있다는 이점이 있지만, 본 연구의 주안점과 같이 시퀀스의 집단 간 차이가 어떻게 나타나고 있는가를 확인하는 데 한계가 있으며, 구체적인 사전 전환을 다루기 어렵다는 단점이 있다. 이에 본 연구에서는 시퀀스의 이질성의 변이를 시계열적으로 관찰하고 하위 시퀀스(sub-sequence) 추출을 통해 상태 전환에서의 집단간 차이를 중심으로 결과를 정리하고자 한다.

이를 위해서 본 연구에서는 시퀀스의 특성 검토를 두 단계를 거쳐 진행하고자 한다. 첫 번째 단계는 기술적(descriptive) 수준에서 연령별 상대 비중의 변화를 관찰하고자 한다. 여기에 더해서 연령별 상태 구성의 변이(variance)를 살펴보기 위해서 엔트로피(entropy) 값의 변화를 함께 살펴보고자 한다. 전체 케이스의 상태 구성 변화를 관찰한 뒤, 주요 개인 특성이라고 할 수 있는 성별, 거주 지역 규모, 빈곤 경험, 학력에 따른 집단 간 비교를 순차적으로 다룰 것이다.

시퀀스 분석의 두 번째 단계는 생애사 이행 시퀀스의 집단별 차이가 발생하는 구조를 관찰하는 것이다. 집단 사이의 상태 구성에서 나타나는 차이를 만드는 구조를 관찰하는 하나의 방법은 시퀀스의 집단 간 차이(between-group discrepancy)와 집단 내 차이(within-group discrepancy)가 시간에 따라 어떤 변동을 보이는가를 관찰하는 것이다. 본 연구에서는 Stuber et al.(2011)에서 제시된 시퀀스 이질성(discrepancy)을 다루는 분석 과정을 활용하고자 한다.

시퀀스 차이 구조를 관찰하는 두 번째 방식은 시퀀스를 구성하는 주요 하위 요소(sub-sequence)를 추출하고 이에 기반하여 상태 전환이 집단에 따라서 어떤 차이를 보이는지 관찰하는 것이다. 여기서는 주로 Ritschard et al.(2013)가 제안한 바가 있는 시퀀스에 대한 마이닝(sequence analysis) 과정을 참고하였다.

16가지 상태의 연쇄적 구성은 블록(sub-sequence)로 축약될 수 있다. 다음의 예시는 하나의 시퀀스를 통해 몇 개의 블록으로 축약한 결과를 보여준다. 케이스 전반에 대한 각 블록은 하나 혹은 두 개 이상의 상태로 구성될 수 있으며, 분석 필요에 따라 두 상태 사이의 변환 시간에 대한 정보를 추출할 수 있다.

예시1: [졸업-미취업-미분가-미혼] -(2년)-> [졸업-미취업-분가-결혼]
예시2: [재학-미취업-미분가-미혼]

예시1은 상태 전환이 한 번 이뤄진 경우이며, 예시 2는 단일한 상태를 보여주고 있다. 단일 상태의 경우 시퀀스에서 모든 상태가 다 포함될 수 있으며, 전환 또한 다양한 조합이 있을 수 있다. 따라서 전체 케이스에 대한 검토를 바탕으로 하위 시퀀스를 포함하는 케이스의 비율(포착률, support)을 검토하여 주요한 하위 시퀀스를 추출하는 과정이 필요하다.

2) GFLasso를 활용한 Outcome-wide Analysis

본 연구는 청년기 생애사 이행 여부와 그 시기가 이후 삶에 어떤 영향을 미치는가를 관찰하는 것에 주요 목적이 있다. 이런 경우 전통적으로 네 가지 생애사 경험에 대한 집단 구분과 몇 가지 통제 변인을 설명 변수로 구성하여 관찰하고자 하는 설명 변수별로 회귀분석을 실시할 수 있다.

그러나 이런 접근은 크게 두 가지 측면에서 문제가 있다. 하나는 네 가지 생애사 이행 경험 간에는 복합적인 연관 구조가 존재한다는 점이다. 예를 들어, 한국 사회 맥락에서 취업 이후 결혼으로 이행하는 경우가 많으며, 분가는 결혼 맥락에서 발생하는 경우가 많다는 점이다. 이때, 일종의 통제변수로 투입하게 되는 성별이나 교육 수준과 같은 통제 변인이 이런 관계에 복합적으로 영향을 미치는 교락(confounding)효과를 발생시켜 변인 사이의 관련성을 더욱 복잡하게 만들 수 있다. 이런 경우 최소자승법(OLS)과 같은 일반적인 회귀모형에서 분석 결과의 안정성이 떨어지는 문제가 나타날 수 있다.

두 번째 한계는 결과 변수가 다수인 경우 여러 개의 회귀모형을 동시에 다룸으로써 발생할 수 있는 오류의 가능성(특히, 1종 오류가 증가하는 문제가 있을 수 있음.)이 커지거나 결과변수를 분리해서 다루면서 발생할 수 있는 한계 또한 생각해 볼 수 있다. 특히, 첫 번째 한계로 인한 모형의 불안정성 맥락을 동시에 고려할 때 전체 분석 결과의 강건성과 신뢰성이 더욱 낮아질 가능성이 있다.

Outcome-wide anaysis(OWA)는 이런 상황에 적절한 접근 방법일 수 있다. 이 방식은 기본적으로 복수의 회귀 모형을 활용한다는 점에서는 같지만, 여러 개의 모형을 활용하면서 발생할 수 있는 문제에 제약 조건을 두거나 변인 사이의 관련 구조를 모형 전반에 걸쳐 적용하는 방식을 취하는 종합적(holistic)인 성격을 지니고 있다.

OWA의 구현은 다양한 방법으로 진행될 수 있는데, 본 분석에서는 Graph-guided Fused LASSO(GFLasso)를 활용하고자 한다. 일반적으로 LASSO는 회귀모형에서 중요도가 낮은 변인의 계수를 0에 가깝게 조정하는 방식을 통해서 정보량이 낮은 설명 요인을 분석 결과에 미치는 영향을 축소하는 방식으로 볼 수 있다. 이 가운데서 특히 GFLasso는 설명 요인과 교락 요인 사이에 존재하는 복잡한 관련성을 그래프(네트워크) 구조로 전환하고 이를 바탕으로 계수를 추정하는 방식을 취한다.

이때, 모형 전체를 아우르는 파라메터를 설정할 필요가 있는데, 일반적으로 이를 해서 파라메터를 조정하면서 모형 적합도 수준의 변화를 관찰하면서 최적점을 설정하는 과정을 거치게 된다. 본 연구에서 모형 적합도는 RMSE(root mean squared error)을 활용하였다. RMSE의 경우 낮을수록 모형의 적합도 정도가 높은 것으로 판단한다.

GFLasso에서 주요하게 다루는 파라메터는 감마(gamma)과 람다(lambda)가 있다. 감마는 높은 연관성을 지니고 군집을 이루는 변인들의 계수를 유시히게 추정히는 정도의 관련이 있다. 람다 값은 그래프 구조에서의 유사성을 판단하는 기준을 제공하는 것으로, 람다 값이 커질수록 그래프의 연관성을 높게 측정하며, 람다 값이 작아질수록 연관성을 낮게 판단하게 된다. 감마 값의 경우 해당 값이 높을수록 연관성이 높은 변인의 계수 유사성이 커지게 되며, 그 반대인 경우는 계수의 개별적인 차이가 커지게 된다.

본 분석은 두 값의 변동에 따라서 RMSE값이 평균적으로 어떻게 변동하는지 시뮬레이션을 한 뒤, 최적 조합을 조사하여 분석 모형에 투입하는 과정을 거친다. 아울러 시뮬레이션 결과를 전반적으로 관찰하기 위해 히트맵(heatmap)을 활용하였다.

제3절 분석 결과

1. 청년기 생애사의 흐름

[그림 2-1]은 청년기 생애사 경험의 연령별 비율 변화를 전반적으로 검토한 결과를 담고 있다. 네 가지 생애사 경험(졸업, 취업, 분가, 결혼)을 네 가지 부호(G, E, S, M)으로 표시하였으며, 해당 상태에 있는 경우는 대문자로, 그렇지 않은 경우는 소문자로 표시하였다. 우측의 엔트로피 변화 그림에서는 연령별 상태 조합의 변이가 전반적으로 어떻게 변동하고 있는가를 확인할 수 있다.

청년기 전반에 걸쳐서 네 가지 경험을 모두 한 집단(GESM)이 점진적으로 증가하는 추이를 확인할 수 있다. 관측 초기(25세)에는 졸업과 취업을 경험한 집단(GEse)가 많았다가, 후기로 갈수록 조금씩 줄어드는 상황을 확인할 수 있다. 미취업 상태에서 세 가지 경험을 한 집단(GeSE)의 경우 큰 변동 없이 일정한 비율을 유지하고 있는 것으로 나타났는데, 이들은 전업주부일 가능성이 크다.

우측 그림을 통해서 엔트로피 지수가 완만하게 감소하고 있음이 나타났다. 이는 초기의 다양한 상태에서 GESM 방향으로 전이되는 경우가 많아짐에 따라 동질성이 완만한 수준에서 줄어들기 때문으로 이해할 수 있다.

[그림 2-1] 청년 생애사 사건의 전체 흐름

(단위: %)

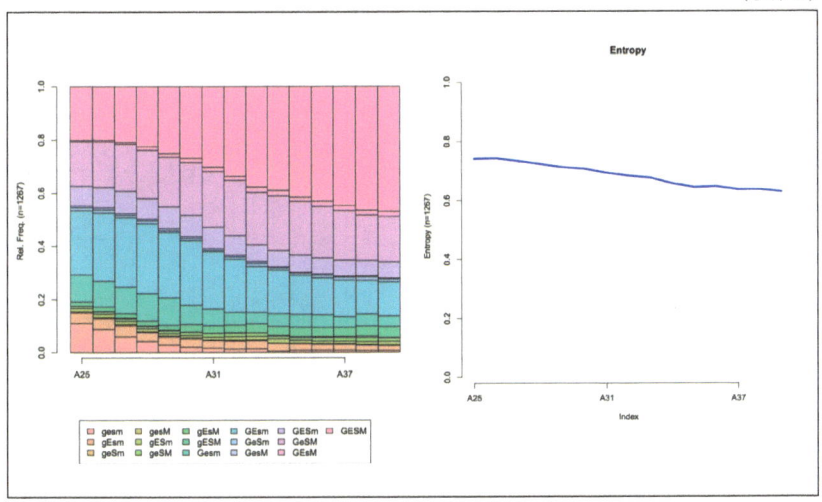

출처: 한국복지패널조사 1-18차 자료, 각년도, 한국보건사회연구원의 원자료를 이용하여 저자 분석

[그림 2-2]는 연령에 따른 상태 변화를 성별로 나누어 살펴본 결과이다. 두 집단의 가장 두드러진 차이는 여성의 경우 전업 주부의 경로로 이해되는 GeSM이 상당한 수준을 점하고 있지만, 남성의 경우는 거의 관찰되지 않는다는 점이다. 연령 증가에 따라 전반적으로 GESM 비중이 증가하지만, 후기 시점에는 남성에서 조금 더 많은 비중이 관찰된다.

졸업과 취업 두 가지 상태에만 있는 집단(GEsm)의 경우 남성과 여성 모두에서 일정 비율을 점하고 있지만, 남성의 경우에서 비율이 다소 높은 것으로 나타났다. 초기 시점에서 네 가지 모두를 경험하지 않은 상태(gesm)의 경우 여성보다 남성에서 조금 더 두드러진 특성을 보이는데, 이는 군입대 등으로 인한 졸업 유예와 관련성이 있는 것으로 판단된다.

〔그림 2-2〕 청년 생애사 상태 비중 변화(성별)

(단위: %)

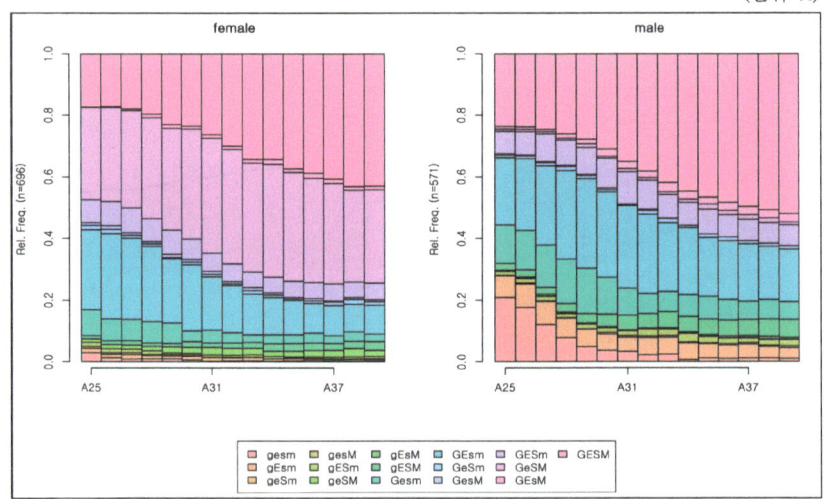

출처: 한국복지패널조사 1-18차 자료, 각년도, 한국보건사회연구원의 원자료를 이용하여 저자 분석

〔그림 2-3〕은 남성과 여성의 연령별 상태 구성의 엔트로피 변동을 검토한 결과이다. 두 집단 모두 엔트로피가 낮아지는 추세가 관찰되는데, 이는 청년 후반기에 접어들면서 생애사 경험에서 전반적인 수렴이 발생하기 때문이다.

다만 연령에 따른 부분적인 차이가 나타났다. 여성의 경우 35세 이후 특별한 변화가 없는 반면에 남성의 경우 39세까지 감소가 나타났다. 이는 두 가시 효과가 결합된 것으로 파악된다. 하나는 앞서 언급했던 군복무로 인하여 남성의 경우 생애사 이행에 있어 지연 효과가 생길 수 있다는 것이며, 또 다른 하나는 일정 시점 이후에는 생애사 경험의 이행이 둔해지는 것과 관련된 것으로 보인다.

남성의 경우 20대 후반부에 변이가 더 커지는 양상이 나타나는데, 이는 졸업 이후 노동시장 진입 등과 관련한 경험에서 다양한 변이가 생길 수 있기 때문으로 해석된다. 여성의 경우 20대 말과 30대 초에 빠른 수렴이 발생하는데, 이는 이 시기 결혼으로의 이행이 활발히 이뤄지기 때문으로 파악된다.

[그림 2-3] 청년 생애사 상태의 엔트로피 변동(성별)

(단위: %)

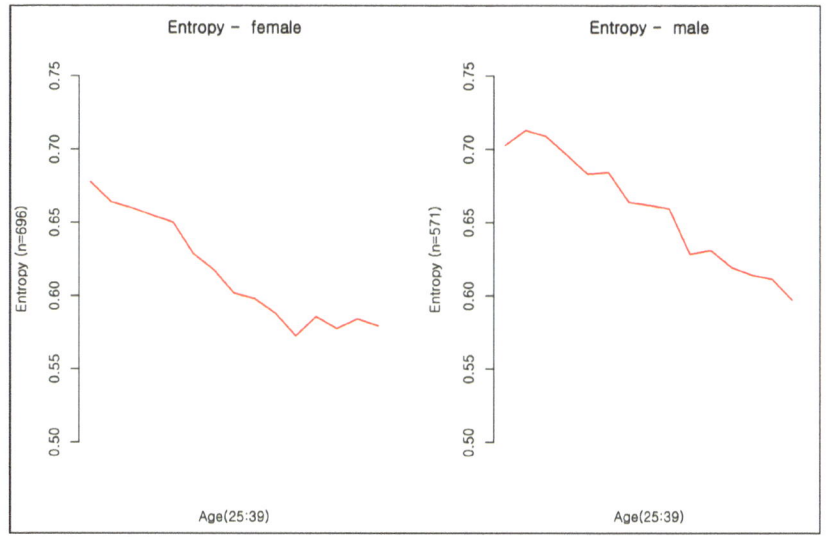

출처: 한국복지패널조사 1-18차 자료, 각년도, 한국보건사회연구원의 원자료를 이용하여 저자 분석

〈표 1-1〉은 앞서 검토한 결과를 수치 형태로 다시 정리한 것으로서 네 시점(25세, 30세, 35세, 39세)의 가장 큰 비중을 차지하는 다섯 상태의 비중을 집단별로 추출한 결과를 담고 있다. 남성과 여성 모두 청년기 마지막 시점에서 네 가지 경험을 모두 한 경우가 가장 많았으며, 남성이 상대적으로 그 비중이 컸다. 다만 여성의 경우는 남성에게 거의 관찰되지 않는 전업주부 형태 또한 약 30%를 점하고 있는 것으로 나타났다.

<표 2-1> 연령별 주요 상태 비중(성별)

(단위: %)

순위	시기 (연령)	전체		남성		여성	
		상태	비율	상태	비율	상태	비율
1	A25	GEsm	24.07	GESM	23.64	GeSM	29.89
2		GESM	20.21	GEsm	21.89	GEsm	25.86
3		GeSM	16.73	gesm	20.84	GESM	17.39
4		gesm	11.05	Gesm	12.43	Gesm	8.48
5		Gesm	10.26	GESm	7.36	GESm	7.47
1	A30	GESM	26.91	GESM	31.00	GeSM	35.78
2		GEsm	24.31	GEsm	27.85	GESM	23.56
3		GeSM	19.89	Gesm	11.91	GEsm	21.41
4		GESm	7.97	GESm	9.63	GESm	6.61
5		Gesm	7.26	gEsm	5.43	Gesm	3.45
1	A35	GESM	41.52	GESM	46.58	GESM	37.36
2		GeSM	20.21	GEsm	19.09	GeSM	35.34
3		GEsm	14.76	GESm	8.06	GEsm	11.21
4		GESm	6.55	Gesm	7.36	GESm	5.32
5		Gesm	4.81	gESM	5.08	Gesm	2.73
1	A39	GESM	47.04	GESM	52.01	GESM	42.96
2		GeSM	17.05	GEsm	16.99	GeSM	30.32
3		GEsm	12.79	GESm	6.83	GEsm	9.34
4		GESm	6.08	gESM	5.78	GESm	5.46
5		gESM	4.1	Gesm	5.78	gESM	2.73

출처: 한국복지패널조사 1-18차 자료, 각년도, 한국보건사회연구원의 원자료를 이용하여 저자 분석

〔그림 2-4〕는 세 집단으로 구분한 거주지역 규모별 상태 비중 변화를 제시한 결과이다. 각 상태 비중에 있어 세 집단 모두 전반적으로 비슷한 변화 양상을 보이고 있다. 농어촌 지역(county)의 경우 다른 지역에 비해서 초기 시점에 졸업과 고용상태를 경험하고 있는 집단(GEsm)이 상대적으로 비중이 크게 나타나는데, 이는 농어촌 지역 거주 청년의 경우 도시 지역 청년에 비해서 대학 진학보다 경제활동에 빨리 참여하는 경우가 상대적으로 많은 상황과 관련이 있는 것으로 보인다.

〔그림 2-4〕 청년 생애사 상태 비중 변화(지역별)

(단위: %)

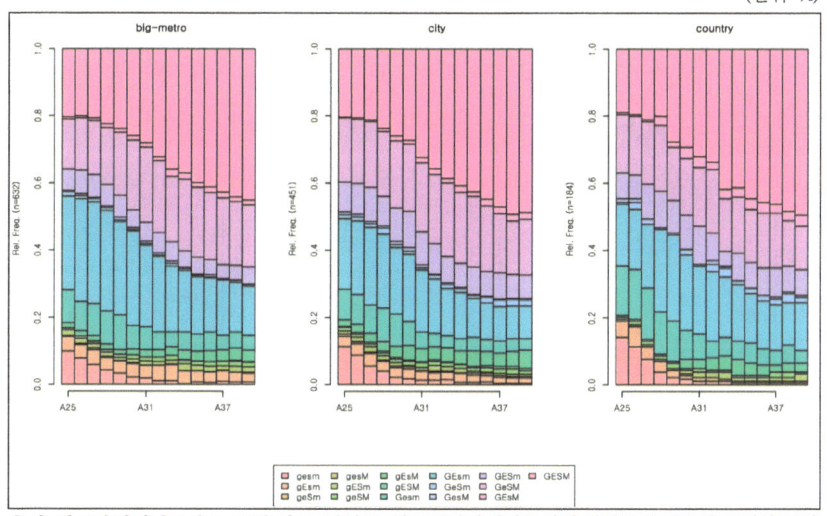

출처: 한국복지패널조사 1-18차 자료, 각년도, 한국보건사회연구원의 원자료를 이용하여 저자 분석

〔그림 2-5〕는 거주지역 규모별 생애사 경험의 엔트로피 변동을 비교한 결과이다. 부분적으로 파동의 차이가 있으나 우하향하는 전반적인 추세는 거의 동일하게 관찰할 수 있다. 지역 규모에 따라 청년 생애사 경험의 변이 추세에서 명확한 차이는 없는 것으로 판단된다.

다만, 농어촌 지역의 경우 부분적으로 엔트로피가 상승했다가 다시 감소하는 사이클이 관찰되는데, 이런 패턴은 도시 지역에 비해 농촌 지역에 사는 청년들의 상태 변동이 상대적으로 빈번하게 발생하는 것으로 이해될 수 있다. 그러나 농어촌 거주 케이스의 규모가 도시 지역에 비해 작아서 파동이 더 크게 포착되었을 가능성도 고려할 필요가 있다.

〔그림 2-5〕 청년 생애사 상태의 엔트로피 변동(지역별)

(단위: %)

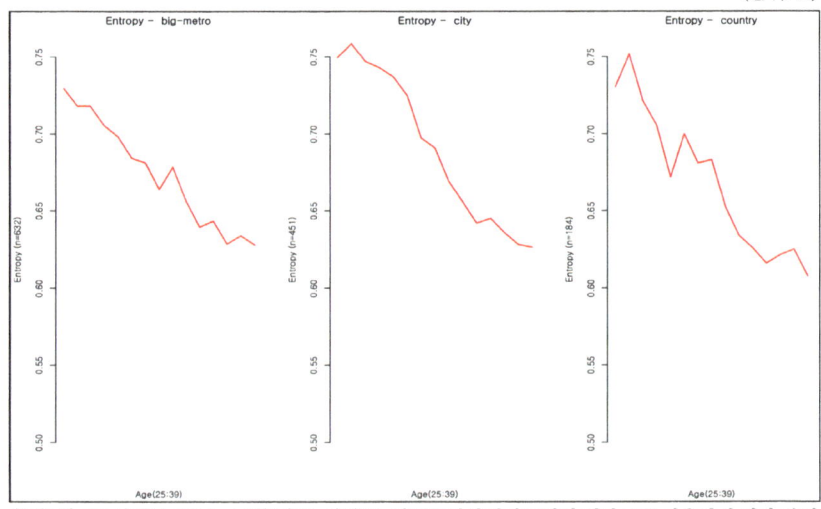

출처: 한국복지패널조사 1-18차 자료, 각년도, 한국보건사회연구원의 원자료를 이용하여 저자 분석

〈표 2-2〉는 지역별 상태 비중을 지역 규모별로 나누어 수치로 제시한 결과이다. 시점(연령)에 따라서 부분적인 순위 차이는 있지만 전반적으로 상위에 속하는 케이스와 비중에서 유사성이 관찰된다.

〈표 2-2〉 연령별 주요 상태 비중(지역별)

(단위: %)

순위	시기 (연령)	전체		광역시		일반시		농어촌	
		상태	비율	상태	비율	상태	비율	상태	비율
1	A25	GEsm	24.07	GEsm	27.85	GEsm	21.06	GESM	19.02
2		GESM	20.21	GESM	20.41	GESM	20.4	GEsm	18.48
3		GeSM	16.73	GeSM	14.87	GeSM	19.07	GeSM	17.39
4		gesm	11.05	gesm	9.97	gesm	11.31	Gesm	14.67
5		Gesm	10.26	Gesm	9.81	Gesm	9.09	gesm	14.13
1	A30	GESM	26.91	GEsm	28.01	GESM	27.27	GESM	29.35
2		GEsm	24.31	GESM	25.95	GEsm	19.96	GEsm	22.28
3		GeSM	19.89	GeSM	20.73	GeSM	19.96	GeSM	16.85
4		GESm	7.97	Gesm	6.96	GESm	10.86	GESm	10.33
5		Gesm	7.26	GESm	5.22	Gesm	7.1	Gesm	8.7
1	A35	GESM	41.52	GESM	39.87	GESM	42.57	GESM	44.57
2		GeSM	20.21	GeSM	20.89	GeSM	21.06	GeSM	15.76
3		GEsm	14.76	GEsm	17.09	GEsm	11.53	GEsm	14.67
4		GESm	6.55	Gesm	5.06	GESm	8.20	GESm	7.61
5		Gesm	4.81	GESm	5.06	gESM	4.66	Gesm	5.98
1	A39	GESM	47.04	GESM	45.09	GESM	48.78	GESM	49.46
2		GeSM	17.05	GeSM	18.51	GeSM	16.63	GEsm	14.13
3		GEsm	12.79	GEsm	14.56	GEsm	9.76	GeSM	13.04
4		GESm	6.08	GESm	5.06	GESm	6.87	GESm	7.61
5		gESM	4.1	Gesm	4.43	gESM	5.54	Gesm	3.80

출처: 한국복지패널조사 1-18차 자료, 각년도, 한국보건사회연구원의 원자료를 이용하여 저자 분석

〔그림 2-6〕은 빈곤 경험이 있는 집단(Y)과 빈곤 경험이 없는 집단(N)의 생애사 경험의 변화를 추적한 결과이다. 그림에서 확인할 수 있는 바와 같이 두 집단 사이에는 비교적 명확한 차이가 나타났다. 네 가지 경험을 모두 하고 있는 케이스(GESM)가 연령 증가에 따라 점차적으로 증가하는 것은 유사하나, 그 비중은 빈곤 경험이 있는 집단이 확연히 낮은 것으로 나타났다. 전업주부의 성격을 지니는 케이스(GeSM)의 경우 빈곤 경험이 있는 집단에서 비교적 늦게 비중이 증가하는 패턴이 관찰된다. 다만, 청년기 후반에 접어들어서는 두 집단에서의 비중이 유사하게 나타났다.

한편, 졸업과 취업을 했으나 분가와 결혼으로 이행하지 하지 않은 집단(GEsm)이 빈곤집단에서 상대적으로 비중이 크며, 비중을 일정하게 유지하고 있음을 확인하였다. 졸업 이후 어떠한 생애사적 이행도 경험하고 있지 않는 케이스(Gesm)가 빈곤을 경험하지 않은 집단에서는 그 비중이 크지 않고 이 또한 연령 증가에 따라서 미미한 수준으로 감소하는 반면, 빈곤 집단에서는 상대적으로 큰 비중을 차지하면서 연령 증가에도 일정 수준을 유지하고 있음을 확인하였다.

빈곤 집단의 경우 고용으로의 이행이 더디며, 고용 상태에 진입하더라도 이후 분가나 결혼으로 이행함에 있어 제약이 존재하는 것으로 보인다. 일반적으로 빈곤 경험이 있는 집단에서 노동시장 진입과 양질의 일자리를 확보하기 위해서 필요한 인적 자원 축적의 경험에서 제약을 경험할 가능성이 크고, 분가나 결혼에 필요한 자원 확보에서 어려움이 있을 가능성이 크기 때문에 이와 같은 생애사 이행 특성을 보이는 것으로 보인다.

[그림 2-6] 청년 생애사 상태 비중 변화(빈곤 경험)

(단위: %)

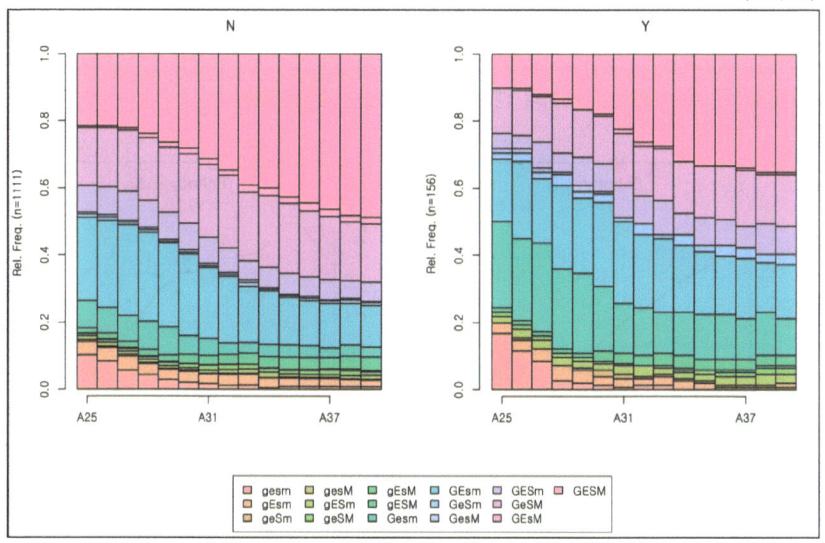

출처: 한국복지패널조사 1-18차 자료, 각년도, 한국보건사회연구원의 원자료를 이용하여 저자 분석

[그림 2-7]은 빈곤 경험에 따른 생애사 경험의 엔트로피 변동을 관찰한 결과이다. 빈곤 경험이 없는 집단은 연령이 증가에 맞춰 엔트로피가 지속적으로 감소하는 패턴이 나타났다. 이는 그림 1에서 확인한 엔트로피 감소의 일반적 특성이 비빈곤 집단에서 관찰되는 것을 의미한다.

그러나 빈곤 경험이 있는 집단의 경우 엔트로피 감소 정도가 크지 않고, 30대 중반 이후에는 오히려 증가하는 독특한 패턴이 나타나는 것을 확인할 수 있다. 이런 상황은 빈곤 경험 가운데 삶의 불안정성이 더욱 확대되는 누적된 불이익(cumulative disadvantage)에 따른 것으로 이해할 수 있다.

이와 같은 누적된 불이익 경험은 앞서 언급한 인적 자원 축적 경험에서의 박탈과 함께, 경제적 압박감에 따른 스트레스와 부정적 정서에 따른 다양한 생애사 경험에서의 제약이 작용했을 수 있다. 특히, 한국적 맥락에서 분가와 결혼 등의 생애 경험에 부모의 재정적 지원이 중요한 요인으로 작용할 수 있는데, 빈곤 집단의 경우 이런 사적 자원 확보에서 어려움을 경험할 가능성이 큰 점도 관련이 있을 것이다.

[그림 2-7] 청년 생애사 상태의 엔트로피 변동(빈곤 경험 여부)

(단위: %)

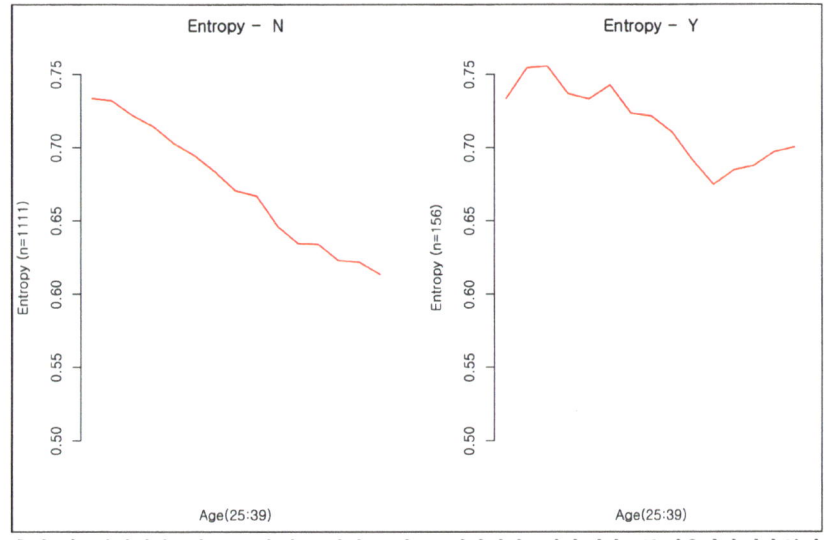

출처: 한국복지패널조사 1-18차 자료, 각년도, 한국보건사회연구원의 원자료를 이용하여 저자 분석

〈표 2-3〉은 빈곤경험에 따른 연령별 주요 상태의 비율을 수치로 제시한 결과이다. 두 집단은 연령별로 주요 상태 비중이 전반적으로 차이가 있는데 연령이 증가함에 따라서 점차적으로 그 차이가 커지는 상황을 확인할 수 있다. 예를 들어, 비빈곤 집단의 경우 25세에 가장 주요한 상태인 GEsm의 비중에서 빈곤 집단과의 차이가 약 6.3%p 수준에서 차이가 있는데, 39세의 경우 가장 주요한 집단인 GESM 사이에는 13.4%p의 차이가 발생함을 볼 수 있다.

제2장 청년 생애사 이행 궤적의 집단별 특성과 청년기 이후 삶의 질에 미치는 영향   59

〈표 2-3〉 연령별 주요 상태 비중(빈곤 경험 여부)

(단위: %)

순위	시기(연령)	전체		빈곤		비빈곤	
		상태	비율	상태	비율	상태	비율
1	A25	GEsm	24.07	Gesm	25.64	GEsm	24.84
2		GESM	20.21	GEsm	18.59	GESM	21.60
3		GeSM	16.73	gesm	16.67	GeSM	17.19
4		gesm	11.05	GeSM	13.46	gesm	10.26
5		Gesm	10.26	GESM	10.26	Gesm	8.10
1	A30	GESM	26.91	GEsm	25	GESM	28.17
2		GEsm	24.31	Gesm	19.23	GEsm	24.21
3		GeSM	19.89	GESM	17.95	GeSM	20.7
4		GESm	7.97	GeSM	14.10	GESm	7.92
5		Gesm	7.26	GESm	8.33	Gesm	5.58
1	A35	GESM	41.52	GESM	33.33	GESM	42.66
2		GeSM	20.21	GEsm	18.59	GeSM	20.88
3		GEsm	14.76	GeSM	15.38	GEsm	14.22
4		GESm	6.55	Gesm	13.46	GESm	6.30
5		Gesm	4.81	GESm	8.33	gESM	3.78
1	A39	GESM	47.04	GESM	35.26	GESM	48.69
2		GeSM	17.05	GEsm	16.03	GeSM	17.28
3		GEsm	12.79	GeSM	15.38	GEsm	12.33
4		GESm	6.08	Gesm	10.9	GESm	5.76
5		gESM	4.10	GESm	8.33	gESM	4.23

출처: 한국복지패널조사 1-18차 자료, 각년도, 한국보건사회연구원의 원자료를 이용하여 저자 분석

[그림 2-8]은 고등학교 졸업 이하 집단(High)과 초대졸 이상 학력자의 생애사 상태 비중 변화를 살펴본 결과이다. 두 집단에서 발견되는 특징적인 차이는 네 가지 생애사 경험을 모두 한 GESM의 경우 청년기 막바지 시점에서는 두 집단 모두 비슷한 비중을 보이지만, 고졸 이하 집단에서 그 비중이 상대적으로 늦게 늘어난다는 점이다. 고졸 이하 집단의 경우

상대적으로 빨리 노동시장에 진출할 가능성이 크고, 노동시장 진입이 이후 생애사 경험에 영향을 미치는 중요한 매개 사건임을 고려할 때 이런 시차가 발생한다는 점은 주목할 특성이라고 할 수 있다.

전업주부의 성격을 지니는 GeSM의 비중 변화는 GESM과 상반되는 패턴을 보이는 점도 흥미롭다. 청년기 후기에 이르러서 두 집단에서 GeSM 비중이 거의 비슷해지는 것으로 나타나는데, 상대적으로 고졸 이하 집단에서 관찰 초기 시점에서 더 비중이 크다가 그 차이가 줄어드는 패턴이 나타나기 때문이다. 앞서 성별 차이에서 살펴본 것과 같이 GeSM는 여성의 생애사에서 보다 일반적으로 관찰되는 특성이 있는데, 학력에 따른 집단 구분에서 해당 경험 집단의 비중이 차이가 있다는 점은 학력과 성별 사이의 교호 작용이 존재할 수 있음을 시사한다.

[그림 2-8] 청년 생애사 상태 비중 변화(교육 수준)

(단위: %)

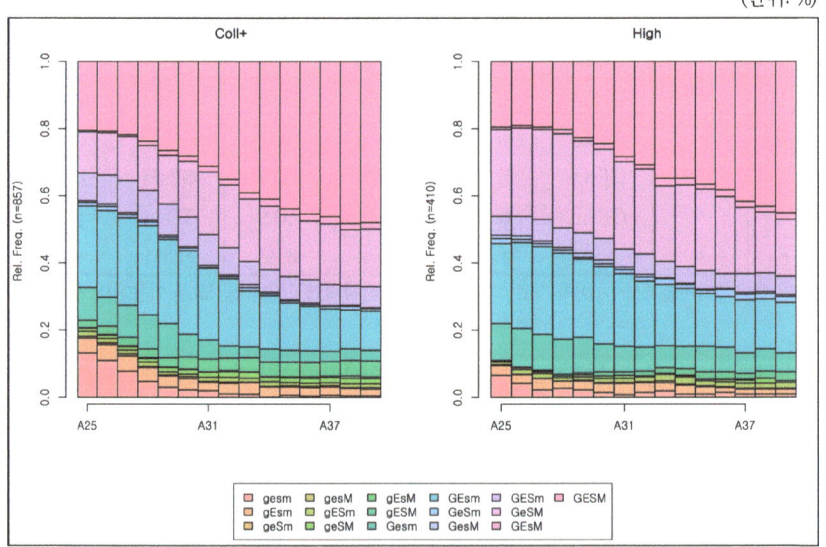

출처: 한국복지패널조사 1-18차 자료, 각년도, 한국보건사회연구원의 원자료를 이용하여 저자 분석

[그림 2-9]는 학력에 따른 두 집단의 생애사 엔트로피 변화를 관찰한 결과이다. 관찰 초기 시점에 두 집단의 엔트로피는 초대졸 이상 집단에서 큰 특징을 보이는데, 이는 대학 진학과 남성의 경우 군입대의 지연, 그리고 노동시장 진입 시기에서 나타나는 다양성으로 인하여 25세 시점에서의 생애사 상태가 다양할 수 있기 때문으로 해석할 수 있다.

그러나 초대졸 이상 집단에서 앤트로피는 빠르게 감소하는데, 고졸 이하 집단에서의 완만한 엔트로피 감소와 다른 양상을 보인다. 그리고 청년기 막바지에 들어서는 그 수준이 유사해지는 것으로 볼 수 있다. 학력이 높은 집단의 경우 생애사 초반에는 생애사 경험의 차이가 크지만, 연령이 증가함에 따라 빠르게 생애사 경험에서의 이행이 활발하게 발생하기 때문에 이와 같은 패턴 차이가 나타나는 것으로 볼 수 있다.

학력별 생애사 경험의 이와 같은 차이는 빈곤 경험에 따른 차이에서 논한 누적된 불이익에 따른 양상으로 볼 수도 있을 것이다. 한편으로 학력이 낮은 집단의 경우 높은 집단에 비해서 생애사 이행에 영향을 미치는 자원 확보에서 상대적으로 불안정성을 강하게 경험할 가능성 또한 생각해 볼 수 있다. 예를 들어, 학력이 높은 집단에 비해서 낮은 집단은 노동시장 진입에 있어 상대적으로 내적 다양성이 발생할 수 있고, 그 질적 측면에서 다양한 경험을 할 수 있기 때문이다. 다만, 빈곤 경험에 따른 집단 간 차이와는 달리 청년기 말미에는 그 수준에서 수렴이 발생한다.

[그림 2-9] 청년 생애사 상태의 엔트로피 변동(교육수준별)

(단위: %)

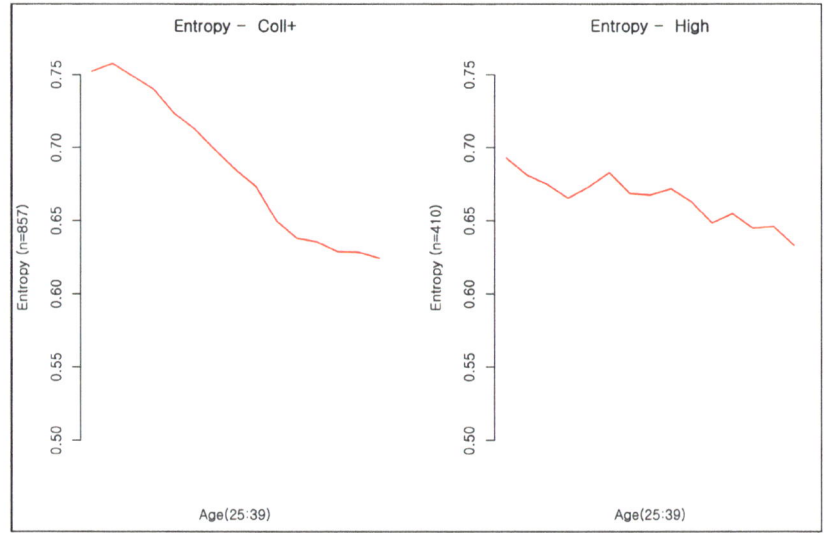

출처: 한국복지패널조사 1-18차 자료, 각년도, 한국보건사회연구원의 원자료를 이용하여 저자 분석

〈표 2-4〉는 교육 수준에 따른 연령별 주요 생애사 경험의 조합을 수치로 비교한 결과를 담고 있다. 25세 시점에서 특히 GeSM 상태 비중에서 큰 차이가 나타나고 있음을 확인 가능하다. 아울러서 대졸 집단의 경우 졸업 시기의 유예로 인하여 gesm 상태 비중이 상대적으로 더 큰 것을 알 수 있다.

다만, 청년기 막바지 시점인 39세에서는 두 집단의 주요 상태 비중에서 유사성이 커지는 것을 확인 수 있다.

<표 2-4> 연령별 주요 상태 비중(교육수준별)

(단위: %)

순위	시기 (연령)	전체		고졸 이하		대졸 이상	
		상태	비율	상태	비율	상태	비율
1	A25	GEsm	24.07	GeSM	25.85	GEsm	24.15
2		GESM	20.21	GEsm	23.9	GESM	20.54
3		GeSM	16.73	GESM	19.51	gesm	13.19
4		gesm	11.05	Gesm	10.98	GeSM	12.37
5		Gesm	10.26	gesm	6.59	Gesm	9.92
1	A30	GESM	26.91	GeSM	26.59	GESM	28.12
2		GEsm	24.31	GESM	24.39	GEsm	24.85
3		GeSM	19.89	GEsm	23.17	GeSM	16.69
4		GESm	7.97	Gesm	8.29	GESm	8.75
5		Gesm	7.26	GESm	6.34	Gesm	6.77
1	A35	GESM	41.52	GESM	36.59	GESM	43.87
2		GeSM	20.21	GeSM	24.15	GeSM	18.32
3		GEsm	14.76	GEsm	15.85	GEsm	14.24
4		GESm	6.55	Gesm	7.56	GESm	7.00
5		Gesm	4.81	GESm	5.61	gESM	4.43
1	A39	GESM	47.04	GESM	45.12	GESM	47.96
2		GeSM	17.05	GeSM	16.83	GeSM	17.15
3		GEsm	12.79	GEsm	15.12	GEsm	11.67
4		GESm	6.08	Gesm	5.61	GESm	6.30
5		gESM	4.10	GESm	5.61	gESM	4.78

출처: 한국복지패널조사 1-18차 자료, 각년도, 한국보건사회연구원의 원자료를 이용하여 저자 분석

2. 청년기 생애사 경험의 편차 분석: Discrepancy Analysis

지금부터는 집단별로 생애사 경험의 편차가 구체적으로 어떻게 나타나고 있는지 살펴보고자 한다. 먼저 성별에 따른 차이를 살펴보면 다음과 같다.

〔그림 2-10〕은 Pseudo-R square(PR^2)와 Levene(L) 값의 성별에 따른 생애사 변화의 성별 차이를 보여주고 있다. 일반적으로 PR^2는 모형(집단 구분)이 설명하는 시퀀스의 변이 수준으로 집단 간(between-group) 차이의 정도로 해석할 수 있다. 한편, L은 집단 내(within-group) 동질성 수준을 의미한다. 따라서 두 지표의 변화를 통해서 집단 간 차이의 증감이 집단 간 차이의 변동에 의한 것인지, 집단 내 차이의 변동에 영향을 받는 것인지 관찰할 수 있다.

좌측 그림에서 PR2가 관찰 초기에 낮았다가, 다시 높아진 다음, 30대 중반 이후에 다시 빠르게 감소하는 시계열적 패턴을 관찰할 수 있다. 이는 남성과 여성의 생애사 경험의 차이가 상대적으로 작게 시작했다가 다시 커진 뒤 다시 초기 시점 수준으로 돌아가는 것으로 볼 수 있다.

한편으로 L의 경우 전반적으로 감소하는 패턴이 유지되는 것으로 나타나, 전반적으로 집단 내 동질성이 줄어드는 패턴이 나타났다. 다만, 청년기 후기에는 그 감소가 완만해지는 것으로 나타났다.

두 지표를 종합적으로 해석하면 청년기 중반까지는 두 집단 간 차이와 내적 차이가 동시에 상승하는 상황으로서 군입대나 전업주부로의 이행과 같은 성별 특성이 중요하게 부각되지만, 집단 내의 내적 차이 또한 커짐에 따라 성별에 따른 생애사 경험의 차이가 희석될 가능성을 보여준다.

청년기 중반에 큰 차이를 보인 집단 간 차이는 다시 후반기 들어 줄어들고, 내적 동질성 감소는 일정 수준을 유지하게 되는데, 이는 생애사 경험의 전반적인 수렴 양상을 보이는 것으로 이해할 수 있다. 그러나 이와 같은 수렴이 두 집단의 생애사 경험이 동일해진다는 것은 아니며, 시점 간 비교를 통해 결과를 이해할 필요가 있다. 즉, 두 집단의 유사성의 증가는 초기 시점에 가까워진다는 것으로서 초기 시점에 차이가 크다면 여전히 그 수준은 유지되는 것으로 봐야 한다.

〔그림 2-10〕의 우측 그림은 discrepancy(D) 지표의 변동을 통해서 집단 내의 편차가 어떻게 변화하는지를 별도로 검토한 결과이다. 전체 집단의 흐름과 유사하게 두 집단의 편차가 감소하는 추세를 확인할 수 있다. 다만 청년기 초중반의 경우 여성이 남성보다 편차가 다소 큰 수준을 유지하는 것을 볼 수 있는데, 이는 여성의 경우 고용과 결혼 이행에 있어 남성에 비해서 다양한 경로가 존재하기 때문으로 이해할 수 있다.

〔그림 2-10〕 집단 간, 집단 내 변이 수준 변화(성별)

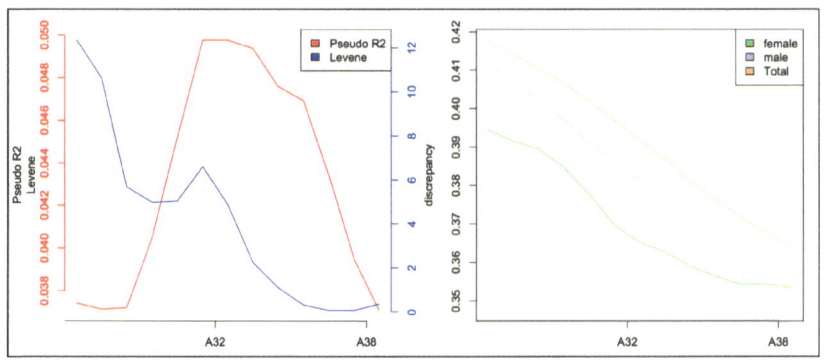

출처: 한국복지패널조사 1-18차 자료, 각년도, 한국보건사회연구원의 원자료를 이용하여 저자 분석

〔그림 2-11〕은 성별 집단 내 상태 및 그 이행에 있어 구체적으로 어떤 차이가 있는지 시퀀스 마이닝 과정을 통해 추출한 하위 시퀀스 구성의 차이를 확률적으로 검토한 결과를 담고 있다. 여기에는 두 집단 사이에 유의미한 비중 차이가 있는 하위 시퀀스만을 제시하였다. 하나의 상태만 표기된 것은 해당 상태만 놓고 보았을 때의 차이를 의미하고, 두 개 이상의 상태는 상태 전환 경험에서의 차이를 보여준다. 막대그래프의 길이는 포착률(support) 수준으로서 해당 하위 시퀀스가 포함된 케이스의 비중을 의미한다. 막대 색의 진하기는 피어슨 잔차(Pearson's residual)의 확률적 유의도 수준을 의미하며, 집단 간 차이가 확률적으로 명확할수록 막대의 색을 진하게 처리하였다.

두 집단의 차이를 가장 크게 만드는 것은 상태 가운데 하나는 GeSM으로서 여성의 관측값과 기댓값의 차이가 남성에 비해서 큰 것을 확인 가능하다. 이는 여성의 경우 전업주부로 생애사 이행이 발생하는 경우가 남성에 비해서 활발하기 때문이다. 관련해서 (GeSM)-(GESM)의 이행 과정에서도 확률적으로 유의미한 차이가 있는데 이는 여성의 경우 전업주부에서 노동시장 참여로 이행하는 패턴이 있지만, 남성의 경우는 전업주부 상태에 있는 경우가 희소하기 때문에 이런 전환 궤적이 발생할 가능성이 낮기 때문으로 해석할 수 있다.

한편으로, 남성의 경우 여성에 비해서 GEsm 상태가 확률적으로 유의미한 차이를 보이면서 그 비중이 큼을 알 수 있다. 이는 남성이 여성에 비해서 취업 상태에서 분가와 결혼으로의 이행하는 비율이 상대적으로 낮음을 의미한다. 네 가지 경험이 모두 없는 gesm 상태도 남성이 여성에 비해서 많은 것으로 나타났는데, 이는 군입대 등으로 인한 생애사 이행의 지연에 따른 것으로 판단된다.

[그림 2-11] 상태 이행 비교(성별)

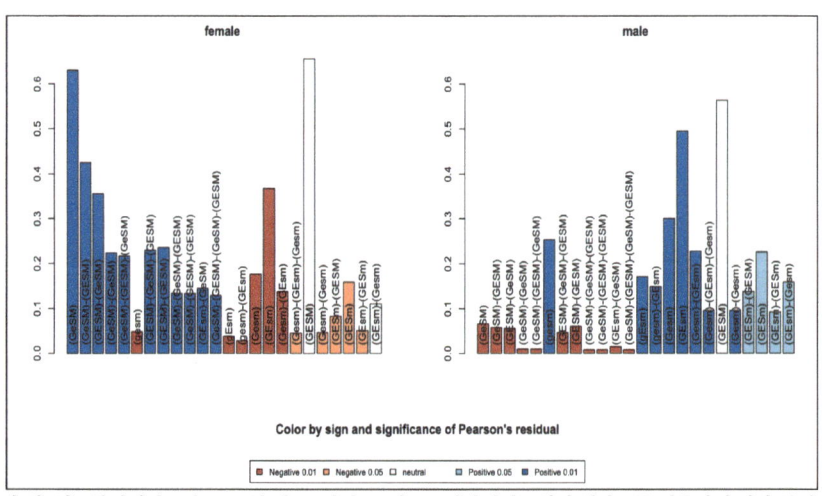

출처: 한국복지패널조사 1-18차 자료, 각년도, 한국보건사회연구원의 원자료를 이용하여 저자 분석

[그림 2-12]는 거주 지역 규모별 집단 간, 집단 내 상태 격차의 변화 추이를 관찰한 결과를 보여주고 있다. 좌측 그림을 통해서 PR2와 L이 전반적으로 감소하고 있음을 통해서, 집단 간 차이의 감소와 내적 동질성의 감소가 동시에 발생하는 것으로 나타났다. 이는 청년기 후반에 이르러 거주 집단의 규모에 따른 생애사 이행 경험의 차이가 전반적으로 줄어드는 것을 의미하며, 다만 거주지역 규모 이외의 특성에 따른 다양성이 발현되는 것으로 이해할 수 있다.

우측 그림은 생애사 경험의 지역 편차가 지속적으로 감소하는 상황을 보여주고 있다. 전반적으로 볼 때, 지역에 따른 생애사 이행에서의 차이는 다른 변인에 비해서 상대적으로 명확하지 않은 것으로 판단된다.

[그림 2-12] 집단 간, 집단 내 변이 수준 변화(지역별)

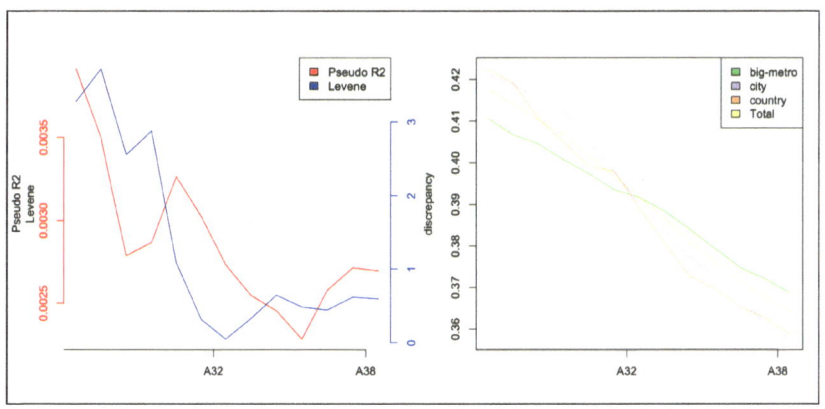

출처: 한국복지패널조사 1-18차 자료, 각년도, 한국보건사회연구원의 원자료를 이용하여 저자 분석

[그림 2-13]은 거주지역 규모에 따른 확률적으로 유의미한 차이가 있는 하위시퀀스를 비교한 결과이다. GEsm의 경우 세 집단 모두에서 포착률이 큰데, 확률적으로 볼 때 대도시에서 상대적으로 그 비중이 크고, 일반시에서 작은 것으로 나타났다. 차이가 관찰되는 나머지 하위시퀀스의

경우도 GEsm을 포함하는 전환과 관련성이 있는 경우가 많은 것으로 나타났다.

세 집단의 차이를 가장 명확하게 보여주는 상태가 GEsm이지만, 그 포착률에서는 사실상 큰 차이가 없음을 통해서 지역에 따른 차이가 상태 구성에 있어서도 명확한 차이가 있는 것은 아니라는 점을 확인할 수 있다.

〔그림 2-13〕 상태 이행 비교(지역별)

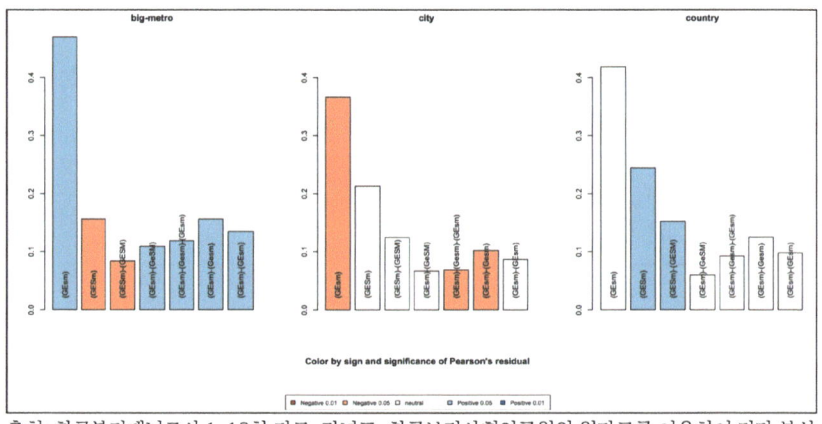

출처: 한국복지패널조사 1-18차 자료, 각년도, 한국보건사회연구원의 원자료를 이용하여 저자 분석

〔그림 2-14〕는 빈곤 경험 여부에 따른 집단 내외 생애사 경험의 격차 변화를 검토한 결과를 담고 있다. 좌측의 그림을 통해서 연령 증가에 따라 L값의 전반적인 상승 추세와 PS2값의 전반적인 하락 추세에서 후반기에 상승이 관찰되는 패턴을 확인할 수 있다. 이는 두 집단 내의 차이가 감소하는 가운데 집단 간 동질성이 상승하는 패턴이 관찰되는 것으로 요약할 수 있다. 다만, 30세 초반 이후부터 두 집단의 차이가 다시 상승하는 양상이 관찰된다. 30대 중반 이후에 관찰되는 집단 간 차이의 상승과 집단 내 동질성의 증가는 두 집단의 격차를 더 크게 만드는 결과를 가져올 수 있다.

우측 그림에서의 격차 수준 검토를 통해서 빈곤 집단에서의 격차가 크고 일정하게 유지되고 있음을 확인할 수 있다. 앞에서 검토한 집단내 동질성의 증가는 주로 비빈곤 집단의 격차 감소와 관련성이 큰 것으로 판단된다. 빈곤 집단에서의 격차가 계속 유지된다는 점은 해당 집단의 생애사적 이행에서의 불안정성을 일정 부분 반영한 결과로 보여진다.

[그림 2-14] 집단 간, 집단 내 변이 수준 변화(빈곤 경험 여부)

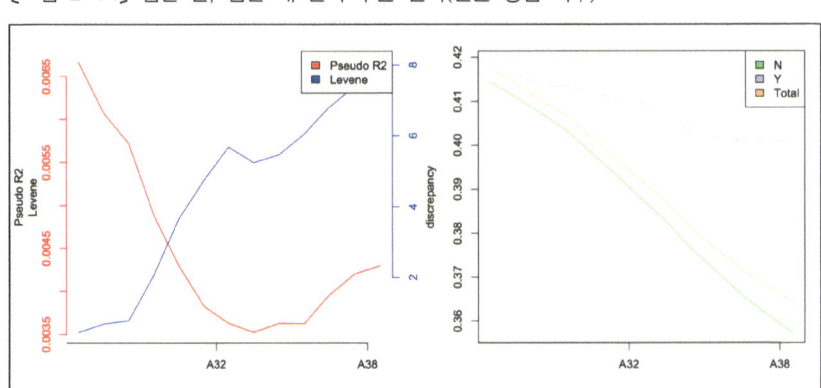

출처: 한국복지패널조사 1-18차 자료, 각년도, 한국보건사회연구원의 원자료를 이용하여 저자 분석

[그림 2-15]는 빈곤 집단과 비빈곤 집단의 차이를 만드는 주요 하위 시퀀스 구성을 보여주고 있다. 빈곤 집단의 경우 확률적으로 유의미한 수준에서 Gesm의 비중이 큰 것을 알 수 있다. 포착률 또한 두 집단에서 상대적으로 큰 특성을 보이고 있다. 빈곤 집단의 경우 약 40%가 해당 상태를 경험하지만, 비빈곤 집단의 경우는 약 20% 수준에서 이를 경험하고 있다. 비빈곤 집단의 경우는 졸업 이후 바로 고용 상태로 이행하는 경우가 많지만, 빈곤 집단의 경우는 졸업 후 취업 이행을 하지 않는 케이스가 많다는 것을 의미한다.

GEsm 상태 또한 빈곤 집단에서 확률적으로 유의미한 수준에서 빈도가 높은 것으로 나타났다. 이런 결과는 고용으로의 이행은 있지만 이후 이행에서 어려움을 경험하는 집단이 상대적으로 빈곤 집단에서 빈번하게 관찰된다는 것을 의미한다.

반면, GESM과 GeSM은 상대적으로 빈곤 집단에서 비중이 낮은 것으로 나타났다. 두 상태가 각각 청년기 상태의 최종적인 상황(맞벌이 혹은 전업주부)을 의미한다는 점에서 빈곤 집단이 생애사 주요 상태 전환에서 제약이 있을 수 있음을 뜻한다.

〔그림 2-15〕 상태 이행 비교(빈곤 경험 여부)

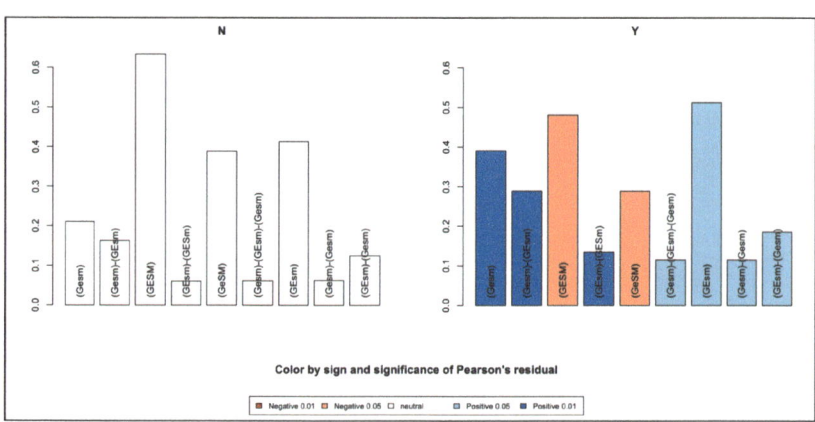

출처: 한국복지패널조사 1-18차 자료, 각년도, 한국보건사회연구원의 원자료를 이용하여 저자 분석

〔그림 2-16〕은 교육 수준별 생애사 경험의 편차를 분석한 결과를 보여주고 있다. 좌측의 그림을 통해서 집단 간 이상성과 집단 내 동질성이 함께 감소하는 패턴이 나타났다. 그 변동의 절대적인 수준이 크지는 않기 때문에 해석에 유의할 필요성은 있지만, 청년기 초기의 두 집단의 차이가 전반적으로 줄어들면서, 여타의 개인적 특성에 따른 집단 내 이상성이 커지는 상황으로 이해할 수 있다.

우측의 그림은 격차 구조가 전반적으로 감소하는 추세를 보여주고 있다. 다만 학력이 낮은 집단에서 청년기 초기 격차가 상대적으로 적었다가, 후반기에 들어 상대적으로 큰 상태를 유지하는 점은 흥미로운 점이 있다. 이런 결과는 고졸 이하 집단의 경우 대학 진학으로 인한 생애 경험의 유예 효과가 적어 상대적으로 동질적인 상태를 보이지만, 생애사 경험의 누적 가운데 발생하는 불안정성으로 인하여 후반기에 이르러서는 비교적 다양한 양상을 보이기 때문으로 이해할 수 있다.

[그림 2-16] 집단 간, 집단 내 변이 수준 변화(교육수준별)

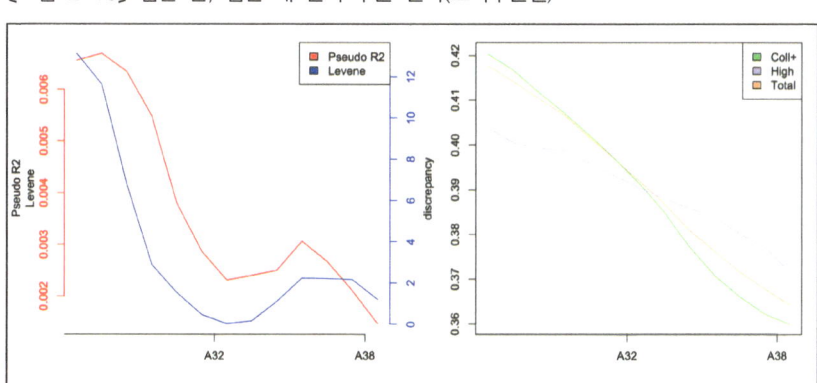

출처: 한국복지패널조사 1-18차 자료, 각년도, 한국보건사회연구원의 원자료를 이용하여 저자 분석

[그림 2-17]은 두 학력 집단에서 유의미한 차이를 보이는 하위 시퀀스의 구성을 보여주고 있다. GESM 상태가 학력이 높은 집단에서 상대적으로 큰 비중을 차지하는 것은 대학 진행 등으로 인한 생애사 이행의 지연이 발생하기 때문으로 볼 수 있다. 고용 이후 분가와 결혼으로 동시 이행하는 전환 궤적(GEsm -> GESM)에서도 학력이 높은 집단에서 그 비중이 큰 것을 알 수 있는데, 고학력 집단의 경우 저학력 집단에 비해서 노동시장 참여 이후 분가와 결혼으로 동시에 이행하는 패턴이 상대적으로 더 빈번한 상황이 반영된 것으로 보인다.

GeSM에서 GESM으로의 이행에서 고졸 이하 집단에서 더 큰 비중이 관찰된다는 점은 전업주부에서 다시 노동시장을 이행하는 경험이 학력이 낮은 집단에서 상대적으로 크게 나타날 수 있음을 뜻한다. 탐색적인 수준에서 학력에 따른 가구 소득의 차이가 이와 같은 노동시장 전환 과정을 촉진하는 것으로 볼 수 있다. 다만, GeSM이 상대적으로 큰 비중을 차지한다는 점을 통해서 전업주부 이후 노동시장 이행이 경제적 불안정만에 의한 것은 아니며, 고졸 이하 집단에서 전업주부의 상태가 기본적으로 큰 상황과도 관련이 있다고 볼 수 있다.

[그림 2-17] 상태 이행 비교(교육 수준별)

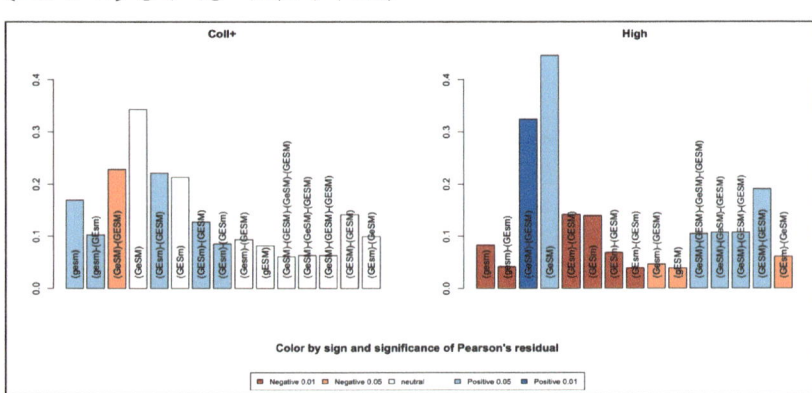

출처: 한국복지패널조사 1-18차 자료, 각년도, 한국보건사회연구원의 원자료를 이용하여 저자 분석

3. 청년기 이후 삶: GFLasso

〈표 2-5〉는 네 가지 생애사 사건의 이행 시기와 40세의 삶의 질과 관련된 요인 간 관련성을 회귀분석(OLS)를 통해 검토한 결과를 제시한 것이다. 각 변인의 회귀계수를 제시하고 괄호 안에는 표준편차를 함께 포함한다. 회귀분석 결과는 GFLasso를 활용한 outcome-wide 분석 결과를 검토하기 이전에 변인 간 관련성을 탐색적으로 살펴본다는 점에서의 의의가 있다. 확률적으로 유의미하게 추정된 계수는 음영을 적용하여 진하게 표시하였다. 각 사건의 참조 집단(reference group)은 20대 경험 집단이다.

먼저 취업 시점과 관련해서는 주로 미취업 상태로 청년기를 종료한 경우에 20대 경험자를 기준으로 유의미한 차이가 있는 것으로 나타났다. 취업 미경험자의 경우 대부분의 삶의 지표에서 부정적인 특성이 나타나는 것으로 보인다. 이들은 우울감은 가장 높고 자아존중감은 가장 낮았으며, 삶의 만족도 또한 가장 낮은 것으로 나타났다. 다만, 자녀 수는 평균적으로 많은 것으로 나타났는데 이는 이들 집단에서 전업 주부에 속하는 경우가 많기 때문으로 해석된다. 종합적으로 볼 때, 미취업 상태는 실업 상태에 의한 삶의 불안정성 하에 놓여 있거나 전업주부 경로로 인한 출산 경험의 가능성이 큰 영향이 혼재되어 있는 것으로 판단된다.

확률적인 유의미성은 앞서 언급했던 미취업 종료 집단과 30대초 취업자 집단에서 일부 관찰되기는 하지만, 평균적인 패턴을 볼 때, 취업이 늦어질수록 우울감은 커지고, 자아존중감은 낮아지는 패턴을 확인할 수 있다.

확률적으로 유의미한 수준에서 분가 시기와 여부의 통계적 유의미성이 관찰된 것은 자녀수와 관련된 것으로서 미분가 상태에서 청년기를 종료한 집단의 경우 자녀수가 평균적으로 적은 것으로 나타났다. 이는 분가가 결혼과 같이 자녀 출산에 중요한 영향을 미치는 매개 사건으로 이행하는 것과 관련이 있기 때문으로 해석된다.

졸업 상태의 경우 30대초에 졸업을 경험한 집단이 20대에 졸업을 경험한 집단에 비해서 확률적으로 유의미한 수준에서 자녀수가 많은 것으로 나타났다. 이에 대한 설명은 다소 어려운 점이 있는데, 이는 본 연구에서 졸업 상태가 고등학교, 대학교(2년제 포함), 대학원까지 아울러서 졸업 여부를 보기 때문에 혼재가 있기 때문으로 판단된다.

결혼 시기와 여부는 청년기 이후 삶의 질에 전반적으로 중요한 영향을 미치는 요인인 것으로 나타났다. 먼저, 결혼 시기가 늦어지거나 결혼으로 이행하지 않은 집단은 우울감이 확률적으로 유의미한 수준에서 높았다. 자아존중감의 경우 결혼으로 이행하지 않은 집단에서 가장 낮은 수준으로 나타났다. 삶의 만족도 또한 미이행 집단에서 가장 낮은 특성을 보였다. 집단별로 통계적 유의미성에 부분적 차이는 있지만 결혼 시기가 늦어질수록 정서적 측면과 삶의 만족이 낮아지는 패턴이 관찰되었다.

자녀수는 결혼 시기에 따라서 줄어드는 일관된 패턴이 나타났다. 20대 결혼 집단과 30대 초 집단 사이에는 큰 차이가 없었으나 30대 말 결혼 집단부터 상대적으로 큰 차이가 나타남을 확인할 수 있다. 30대 초 집단과 20대 결혼 집단의 자녀수 평균 차이는 0.25명 수준이지만, 30대 초 말 집단과 20대 결혼 집단의 자녀수 평균 차는 1.53명으로 증가하는 것을 확인했다. 미혼 종료 집단의 경우는 20대 결혼 집단과 평균 1.84명의 차이가 났는데, 자녀수가 3명 이상인 경우가 청년 집단 내에서 상대적으로 희소함을 고려할 때 미혼 집단에서 자녀수는 거의 0에 가까움을 의미한다.

〈표 2-5〉 청년 생애사 경험과 삶의 질(OLS, 40세)

IV	DV					
	가구소득	건강만족도	우울감	자기효능감	삶의만족	자녀수
취업 (30대초)	-50.981	-0.038	0.237	-0.617*	-0.073	0.073
	-(675.146)	-(.072)	-(.324)	-(.329)	-(.055)	-(.064)
취업 (30대말)	-585.118	0.105	-0.361	-0.917	0.031	0.143
	-(1262.854)	-(.135)	-(.606)	-(.612)	-(.102)	-(.12)
미취업 종료	142.554	-0.131	1.060**	-1.915***	-0.170**	0.239**
	-(1039.638)	-(.111)	-(.499)	-(.518)	-(.086)	-(.099)
독립 (30대초)	373.01	0.005	-0.301	-0.058	-0.08	-0.058
	-(844.1)	-(.09)	-(.405)	-(.405)	-(.067)	-(.08)
독립 (30대말)	699.543	0.161	-0.355	-0.001	-0.104	-0.057
	-(1393.057)	-(.149)	-(.669)	-(.667)	-(.111)	-(.133)
미독립 종료	-3.556	0.012	0.638	-0.705	-0.143	-0.189*
	-(1088.563)	-(.116)	-(.523)	-(.531)	-(.088)	-(.104)

IV	DV					
	가구소득	건강만족도	우울감	자기효능감	삶의만족	자녀수
졸업 (30대초)	429.512	0.092	-0.422	0.006	0.051	0.139*
	-(825.236)	-(.088)	-(.396)	-(.405)	-(.067)	-(.079)
졸업 (30대말)	-2,271.90	0.02	-1.807	-2.641	0.251	-0.416
	-(7030.8)	-(.752)	-(3.376)	-(3.362)	-(.56)	-(.67)
미졸업 종료	-422.862	-0.172	0.31	-0.257	-0.092	-0.024
	-(1131.953)	-(.121)	-(.544)	-(.548)	-(.091)	-(.108)
결혼 (30대초)	-40.24	-0.045	0.638	0.02	0.059	-0.253***
	-(852.662)	-(.091)	-(.409)	-(.409)	-(.068)	-(.081)
결혼 (30대말)	-634.979	-0.036	1.249**	-0.38	-0.007	-1.525***
	-(1248.645)	-(.134)	-(.6)	-(.598)	-(.1)	-(.119)
미혼 종료	-364.166	-0.243**	1.102**	-1.782***	-0.256***	-1.839***
	-(1018.36)	-(.109)	-(.489)	-(.489)	-(.081)	-(.097)
남성	349.905	0.065	-0.687***	0.192	0.017	-0.043
	-(500.889)	-(.054)	-(.241)	-(.244)	-(.041)	-(.048)
일반 시 거주	439.496	0.003	-0.529**	0.03	0.057	0.017
	-(496.664)	-(.053)	-(.239)	-(.242)	-(.04)	-(.047)
농어촌 거주	-293.13	-0.011	-0.39	0.673*	-0.059	0.119*
	-(760.872)	-(.081)	-(.365)	-(.372)	-(.062)	-(.072)
고졸 이하	-1,028.150**	-0.069	0.441*	-1.327***	-0.191***	0.06
	-(519.786)	-(.056)	-(.25)	-(.254)	-(.042)	-(.05)
장애 있음	-1,019.43	-0.447***	0.157	-1.536**	-0.246**	-0.042
	-(1221.702)	-(.131)	-(.587)	-(.684)	-(.114)	-(.116)
(Constant)	3,584.583***	3.824***	3.892***	33.416***	3.859***	1.952***
	-(559.357)	-(.06)	-(.269)	-(.271)	-(.045)	-(.053)
R2	0.012	0.045	0.054	0.132	0.115	0.609
Adjusted R2	-0.007	0.027	0.036	0.114	0.097	0.602

*p<0.1; **p<0.05; ***p<0.01
출처: 한국복지패널조사 1-18차 자료, 각년도, 한국보건사회연구원의 원자료를 이용하여 저자 분석

OLS를 활용한 회귀분석 결과를 전반적으로 정리하면 경험 여부와 시기의 측면에서 청년기 이후의 삶에 영향을 미치는 생애사 이행 경험은 취업과 결혼인 것으로 나타났다. 이 두 경험이 늦어지거나 미이행이 발생한 경우 정서적 측면과 삶의 만족도에서 부정적인 경험을 할 가능성이 큰 것으로 나타났으며, 자녀 출산 가능성도 낮아지는 것으로 나타났다.

청년기 생애사 이행에서 졸업과 분가 시기에서 의미 있는 차이를 관찰하지는 못했다. 졸업의 경우 앞에서 언급한 바와 같이 다양한 학력 구간을 포함하기 때문이라는 측면과 학업에 대한 특별한 목적이 있는 경우를 제외하고 대학 교육을 30대까지 유예하는 경우는 극히 드물기 때문에 영향을 받았을 수 있다. 따라서 후속 연구에서는 20대 내에서 졸업 유예가 지니는 효과에 대한 검토가 필요할 것으로 판단된다.

분가는 일반적으로 한국 사회에서 결혼과 함께 이행될 가능성이 크기 때문에 결혼 이행 시기를 동시에 포함한 회귀분석에서 그 연관성이 사라졌을 가능성이 있다. 이는 변인 간 복잡한 연관 구조를 효과적으로 다룰 수 있는 분석 방법의 필요성을 제기한다.

회귀분석에서 (표준화)가구소득과 건강 만족도의 경우 청년기 생애사 경험과 유의미한 관련성을 확인하지 못하였다. 이는 가구 단위로 소득을 파악한 계측 방식에 부분적인 영향을 받았을 가능성이 있다. 즉, 청년기 생애사 이행 없이 부모와 동거를 지속할 경우 가구 소득이 일정하게 유지될 가능성이 있기 때문이다. 또한 취업이나 결혼을 통해 독립 가구를 구성한 경우 가구 소득이 감소하는 등 다양한 패턴이 존재할 수 있어, 생애사 경험에 따른 가구 소득 변화에서 일관된 흐름이 나타나지 않기 때문으로 이해할 수 있다.

주관적 건강의 경우 분석 대상 집단이 상대적으로 건강상의 어려움을 낮게 경험하는 40세 연령대이기 때문일 수도 있으며, 생애사 이행 경험과 건강 사이에 연관성이 애초에 강하지 않은 이유가 크게 작용한 것으로 이해된다.

분석 방법에 대한 소개에서도 언급한 바와 같이 생애사 이행 경험은 상호 높은 시기적 관련성과 매개 구조로 연결될 수 있다. 따라서 OLS와 같은 전통적인 회귀분석으로는 이행 경험과 시기의 영향을 종합적으로 관찰에 제약이 있을 수 있다. 이런 불안정성 가운데 복수의 결과변수를 다루기 위해 여러 회귀모형을 다루는 가운데서 결과 전반의 신뢰성이 낮아질 가능성이 커지게 된다. 따라서, 앞서 수행한 회귀분석 결과를 이런 한계점을 다룰 수 있는 분석 결과와 종합적으로 다루면서 청년기 생애사 이행 경험이 이후 삶에 미치는 영향에 대해서 이해할 필요가 있다.

[그림 2-18]은 GFLasso 수행에 필요한 두 파라메터인 람다(rambda)와 감마값(gamma)의 변화에 따라서 RMSE가 어떻게 변동하는지 시뮬레이션한 결과를 제시한 것이다. 각 셀은 두 파라메터를 적용하여 분석을 반복한 뒤 도출된 RMSE의 평균을 의미한다. 시뮬레이션 과정에서 RMSE가 가장 낮아지는 지점은 람다 = 31.579, 감마 = 0.100인 것으로 나타났으며, 이 값을 최종 모형 도출에 활용하였다. 최적 지점은 그림에 제시된 점선이 교차되는 영역이다.

[그림 2-18] GFLasso 최적 파라메터 검토 결과

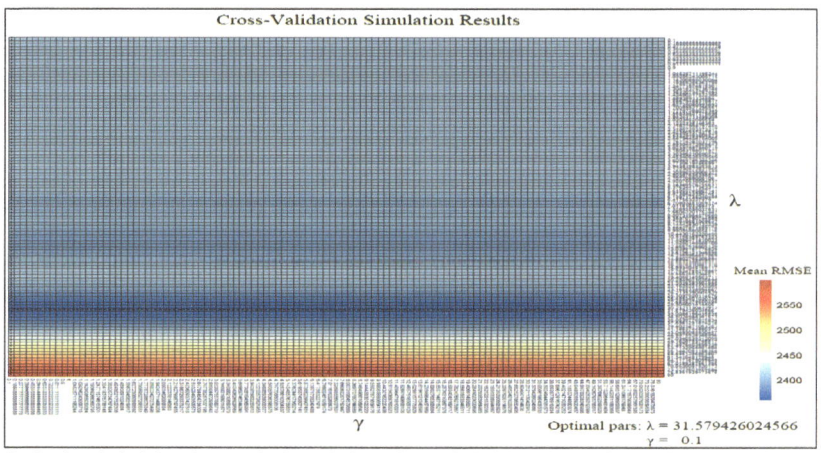

출처: 한국복지패널조사 1-18차 자료, 각년도, 한국보건사회연구원의 원자료를 이용하여 저자 분석

〈표 2-6〉는 GFLasso 결과를 최종적으로 정리한 것이다. 최종 모형에는 앞서 회귀분석에 다뤘던 성별, 교육 수준, 거주 지역 규모. 장애 여부를 통제 변인(confounder)으로 포함하였다.

가구 소득의 경우 졸업 미이행 집단의 경우가 평균적으로 가장 큰 것으로 나타났다. 이들은 경제활동에 참여하면서 대학원 이상의 교육 과정에 동시에 등록된 집단일 가능성이 크다. 일반적으로 중등교육이나 대학 수준의 고등교육 맥락에서 40세에 이르기까지 졸업을 유예하는 경우는 희소하기 때문이다.

30대 초에 졸업한 경우가 20대 졸업자보다 높았는데, 이는 30대 초 졸업 경험자의 경우 대부분 대학원 이상의 학력자일 가능성이 크고 40세까지 시간 동안 노동시장에 진입했을 가능성이 크기 때문인 것으로 보인다. 다만, 30대 말 고학력 졸업자의 경우는 노동시장에의 안정적 진입이 이뤄지지 않았기 때문에 20대 졸업자와 비슷한 소득 수준일 가능성이 큰 것으로 보인다.

분가의 경우 30대 초에 이행한 집단이 평균 가구 소득이 가장 높았다. 30대 초 이행 집단보다 미이행 집단이 가구 소득이 평균적으로 더 높았는데, 이는 가구소득 계측 특성상 미분가 집단의 경우 부모 소득이 함께 포착되기 때문으로 이해할 수 있다. 여기서 중요한 점은 30대 초반에 분가가 이뤄진 집단이 부모와 함께 있는 집단보다 가구 소득이 높다는 점이다. 이는 미분가 상태의 집단의 개인 소득이 낮을 가능성을 뜻한다.

취업시기도 분가와 유사한 패턴이 나타났다. 30대초에 분가를 경험한 집단의 가구 평균 소득이 가장 높은 것으로 나타났다. 다만 결혼 시기의 경우는 미이행 집단이 30대초 이행 집단에 비해서 평균적으로 약 10% 정도 수준 높은 것으로 나타났다.

건강만족도의 경우 생애사 이행 시기에서 혼재된 패턴이 나타났다. 졸업과 분가, 결혼에서 미이행 집단의 평균이 가장 컸으며, 취업에서는 30대초 집단이 평균이 가장 높은 것으로 나타났다. 네 가지 생애사 경험이 상호 높은 관련성을 맺고 발생하기 때문에 생애사 경로에 따라 건강 만족도에 미치는 영향은 전반적으로 평균에 수렴하는 결과가 나타날 것으로 예상할 수 있다.

우울감의 경우 이행 경험이 없는 집단이 전반적으로 높은 것을 알 수 있다. 다만 취업의 경우 상대적으로 큰 폭은 아니지만 30대 초에 이행한 집단이 평균적으로 높은 것으로 나타났다. 이와 같은 결과가 노동시장에 진입한 대학원 이상의 고학력 집단에서 일반적으로 관찰되는 특성인가에 대해서 추가적인 검토가 필요할 것으로 판단된다.

자아존중감의 경우 취업에서는 30대 초에 경험한 집단이 가장 높았지만, 다른 생애사 경험에서는 미이행 집단이 평균적으로 높은 특성이 나타났다. 삶의 만족도에서도 이와 유사한 결과를 확인할 수 있다. 취업의 경우는 30대초에 경험한 집단이 가장 높지만, 결혼의 경우는 미이행 집단이 가장 높은 패턴이 나타났다. 이것은 적어도 40세 수준에서는 청년기 생애사 경험과 시기가 삶의 전반적 만족에 미치는 영향이 명확하지 않다는 결과를 의미한다.

자녀수의 경우 청년기 생애사 경험 시기와 일관된 패턴을 확인할 수 있다. 다양한 학력 경로가 포함될 수 있는 졸업을 제외하고 30대 이후 시점과 미이행 집단으로 이행함에 따라서 평균 자녀수가 줄어드는 패턴을 확인할 수 있다. 다만, 20대 이행 집단보다 30대 초반 이행 집단에서 자녀수가 평균적으로 많다는 점은 출산력이 청년기 초기로 갈수록 선형적으로 증가하는 것은 아니라는 점을 시사한다. 다만, 30대 초반 이행 집단보다 20대 이행 집단에서 자녀수가 평균석으로 너 적은 이유는 추가직인 분석이 필요할 것으로 판단된다. 추후 연구에서는 20대 집단 내 다양성을 관찰하는 작업이 필요할 것으로 보인다.

⟨표 2-6⟩ Outcome-wide Analysis 결과(GFLasso 방식)

		가구소득 (표준화)	건강 만족도	우울감	자아 존중감	삶의 만족도	자녀수
졸업 시기	30대초	194.153	-0.020	-0.109	-0.161	-0.051	-0.044
	30대말	5.565	0.000	0.000	0.004	0.000	0.000
	미이행	289.992	0.216	0.285	2.898	0.222	0.003
분가 시기	30대초	847.991	0.649	0.534	5.767	0.636	0.238
	30대말	373.328	0.370	0.372	2.910	0.332	-0.017
	미이행	600.790	0.769	1.227	6.348	0.741	-0.046
취업 시기	30대초	543.580	0.570	0.602	4.186	0.534	0.234
	30대말	94.837	0.205	0.123	1.463	0.195	0.120
	미이행	212.055	0.117	0.365	1.780	0.124	0.092
결혼 시기	30대초	921.789	0.751	0.697	6.768	0.768	0.408
	30대말	351.506	0.288	0.334	3.207	0.269	0.000
	미이행	1032.085	1.091	1.644	10.000	1.046	-0.147

출처: 한국복지패널조사 1-18차 자료, 각년도, 한국보건사회연구원의 원자료를 이용하여 저자 분석

제4절 소결

본 분석은 청년기 생애사 이행을 졸업, 분가, 취업, 결혼으로 나누어 살펴보고, 주요 집단 간 이행 경로에서의 차이를 살펴보고, 이행 시기가 청년기 이후 삶에 미치는 영향을 관찰하였다. 주요 분석 결과를 정리하면 다음과 같다.

먼저, 생애사 이행 격차에서 가장 큰 격차는 빈곤 경험과 관련된 것으로 나타났다. 빈곤 경험이 있는 집단과 없는 집단의 생애사 경험은 생애사 이행 경로에서 큰 차이를 보였다. 두 집단 모두 전반적으로 연령이 증가함에 따라 네 가지 경험을 모두 경험하는 비율이 증가하지만, 빈곤 집단의 경우는 그와 같은 이행이 현저히 낮았다.

졸업과 취업을 했지만 분가와 결혼으로 이행하지 않은 집단은 빈곤 집단에서 더 큰 비율을 차지했고, 연령 증가에도 비중이 일정하게 유지되는 특징이 나타났다. 반면, 빈곤을 경험하지 않은 집단에서는 졸업 이후 생애사 이행이 정체되는 비율이 적었으며, 연령 증가에 따라서 감소하는 패턴을 보였다. 빈곤 집단은 고용으로 이행하는 속도가 느리고, 고용 이후에도 분가나 결혼으로 이어지지 않는 경우가 많았다. 이는 빈곤 집단의 경우 삶의 불안정성이 누적된 불이익(cumulative disadvantage)으로 연결되는 것으로 보인다.

학력에 따라서도 생애사 이행에 차이가 나타났으며, 학력이 낮은 집단일수록 자원 확보의 불안정성을 더 크게 경험하기 때문에 생애사 이행에서 정체가 발생할 가능성이 있는 것으로 보인다.

30대 초에 분가한 집단은 가구 소득이 가장 높았는데, 이 시기에 분가한 이들은 경제적으로 독립할 수 있을 만큼의 안정적인 경제적 상황에 놓였을 가능성이 있으며, 분가하지 않은 집단의 경우 부모의 소득이 함께 계산되어 평균 가구 소득이 높아 보일 수 있지만, 이들의 개인 소득은 낮을 가능성이 큰 것으로 판단된다.

취업 시기도 분가와 유사한 패턴을 보였는데, 30대 초에 취업을 경험한 집단의 가구 소득이 가장 높았으며, 결혼 시기에서는 미이행 집단이 30대 초반 이행 집단보다 가구 소득이 다소 높은 것으로 나타났다.

우울감과 자아존중감의 경우 생애사 이행 경험이 늦거나, 이행 경험이 없는 집단에서 우울감이 평균적으로 더 높았다. 전반적으로 취업을 30대 초에 경험한 집단의 자아존중감이 가장 높다. 그러나 전반적으로 볼 때, 정서적 특성이나 삶의 만족도와 생애사 경험 시기 사이에는 혼재된 패턴이 존재하는 것으로 보인다. 그러나 자녀수의 경우는 생애사 이행 경험이 늦거나 미이행 상태일 경우 평균이 낮아지는 패턴이 나타났다.

네 가지 생애사적 경험이 상호 관련성이 높을 수 있음을 고려할 때, 분석 결과는 생애사 이행 경험이 30대 초반에 이뤄질수록 소득과 출산력에는 비교적 일관된 정적인 관련성이 관찰되며 삶의 만족도와 같은 정서적 특성은 일관된 다양하게 혼재된 양상이 나타날 수 있는 것으로 보인다. 요약하자면, 청년기 생애사 이행은 소득과 자녀 출산을 포함한 가족 구성에는 중요한 영향을 미치지만, 삶의 만족과 같은 여타의 정서적 측면은 개인의 맥락에 따라 다양해질 수 있는 것으로 판단된다.

주요 분석 결과를 중심으로 몇 가지 정책적 함의를 도출하면 다음과 같다. 본 분석에서 다룬 네 가지 청년 생애사 이행 경험은 개인의 선택이지만, 빈곤으로 인하여 선택의 자유가 제약되는 상황에 대해서는 일정한 정책적 관여가 필요할 것으로 판단된다. 특히 빈곤으로 인한 생애사 이행의 정체 효과가 누적될 가능성이 크기 때문에 초기 청년기에 이들의 고용을 촉진하고 주거 지원 등을 통한 독립을 지원할 필요가 있다.

여기에는 경제적 지원뿐만 아니라 애초에 반복되는 빈곤 경험으로 인하여 누적되었을 수 있는 스트레스와 부정적으로 형성되었을 수 있는 생애사 이행 가능성에 대한 긍정적 태도를 가질 수 있는 정서적 지원 프로그램 등도 고민이 필요하다.

생애사적 연쇄성이라는 관점에서 청년의 삶을 지원하는 접근이 필요하다. 고용, 독립, 결혼 등의 주요 생애사 이행은 상호 밀접하게 연관되어 있으므로, 단편적인 지원이 아닌 청년의 생애사적 관점에서의 포괄적인 정책이 요청된다. 예를 들어, 지역 고용 문제로 수도권을 포함한 대도시권으로 이주한 청년의 경우 이주를 통해 고용 가능성은 높아질 수 있지만, 주거나 생활비 등의 문제로 인하여 이후 생애사 이행의 어려움은 더욱 커질 가능성을 생각해 볼 수 있다. 따라서 청년 정책은 이 시기에 중요한 생애사 이행의 연속성 상에서 그 영향을 고려하는 접근이 필요하다.

30대 초반에 분가와 취업을 경험한 집단이 부모와 동거하는 집단보다 소득이 높을 가능성이 크다는 점은 청년층이 독립하여 삶을 영위할 수 있도록 주거 지원을 강화할 필요성을 제기한다. 분가를 촉진할 수 있는 정책은 청년기의 경제적 독립성을 높이는 데 기여할 뿐만 아니라 성인 자녀와 함께 동거하면서 부모가 경험할 수 있는 스트레스 또한 경감할 수 있을 것이다.

궁극적으로는 청년 정책의 목표를 분명하게 수립할 필요가 있다. 분석 결과에서 확인한 바와 같이 청년기 생애사 이행의 시기와 여부는 평균적으로 소득과 가족 형성에는 중요한 영향을 미쳤지만, 정서적인 측면에서는 혼재된 양상이 나타났다. 청년 정책의 방향이 소득이나 인구 변동에 대응하는 측면이 있다면 생애사 이행의 정체가 발생하지 않도록 하는 접근이 필요할 것이다.

그러나 청년의 정서적 측면이나 행복감에 정책의 목표를 둔다면, 다양한 이행 경로에 따른 청년의 삶의 다양성을 이해하고 이에 기반한 정서적 지원과 다양한 서비스의 마련이 필요할 것이다. 분석 결과 20대에 주요한 생애사 이행 경험이 있는 경우 정서적인 측면에서 오히려 부정적일 수도 있음을 관찰하였다. 따라서, 독립된 개인으로서 삶을 영위할 수 있는 역량 증진을 위한 시간적 여유를 주는 사회적 분위기를 만들면서, 그들이 원하는 생애사 이행을 자연스럽게 촉진할 수 있는 방안 마련이 필요하다.

제3장

이행기 특성 변화가 가족에 미치는 영향

제1절 서론
제2절 분석 개요
제3절 분석 결과
제4절 소결

제3장 이행기 특성 변화가 가족에 미치는 영향

제1절 서론

생애주기 측면에서 볼 때, 청년은 아동에서 성인으로 이행하는 과도기적 단계에 있게 되며, 이에 따라 '성인으로의 이행'은 청년기에 수행해야 하는 중요한 생애 과업으로 여겨진다. 즉, '성인이행기'는 법적으로는 성인이 되었으나 학업, 사회적 여건 등 청년기에 마주하는 생애과정의 특성에 따라 실질적인 경제적 자립에 도달하지 않은 생애의 한 국면이라 볼 수 있다(최선영 외, 2023, p.11).

실질적인 경제적, 사회적 자립 단계에 도달하기 위해 청년기에 수행하는 주요 과업은 고등교육(대학 등) 이수, 졸업 이후 노동시장으로의 이행, 원가족(부모)로부터의 주거독립, 결혼(가족형성) 등으로 대표된다. 과거와 비교시, 최근 청년의 성인이행기에서 나타나는 대표적인 특성으로는 성인이행기 기간의 연장, 이행경로의 개별화·다양화 등이 있다. 이 중 성인이행기 기간의 연장, 즉 '성인기로의 이행 지연'은 대학교육의 확대뿐만 아니라 경제성장 둔화에 따른 취업난(노동시장 진입 경쟁 심화, 불안정 일자리 확대 등), 주거비용 증가(집값 상승 등)와 직·간접적으로 연결되어 있다.

통계청(2024.07.16.)에서 발표한 2024년 5월 경제활동인구 청년층 부가조사 자료에 따르면, 15~29세 청년 중 첫 일자리가 임금근로자인 경우 최종학교 졸업 후 첫 직장을 얻기까지의 평균 취업 소요 기간은 약 11.5개월로 전년 동월 대비 1.1개월 증가하였으며, 이는 해당 통계가 집계된 2004년 이후 가장 긴 기간이다. 또한, 취업을 경험하였더라도 첫 직장을 그만둔 경우가 66.8%(전년 동월 대비 동일한 수준)이며, 이때의 평균 근속기간은 1년 2.8개월로 나타난다. 첫 일자리를 그만둔 이유로는 보수, 근로시간 등 근로여건에 대한 불만족(45.5%)이 가장 높고, 임시적·계절적인 일의 완료·계약기간 끝남(15.6%)이 그다음 순서로 많게 나타난다. 이외에도 최종학교 졸업 이후 조사 시점 기준 미취업 상태로 있는 청년 중 미취업 기간이 3년 이상에 해당하는 응답 비율도 약 18.5%로 적지 않은 수준이다.

이처럼 노동시장 여건 악화에 따라 경제적 자립까지의 기간이 길어지는 가운데, 매일경제(2024.07.17.)에 따르면, 2022년 기준 부모에게 얹혀사는 20대 비율은 한국이 81%로 경제협력개발기구(OECD) 36개국 중 가장 높은 수준이라고 한다(김나연, 2024.7.17.)[2]. 다만, 이처럼 성인의 나이가 되었으나 부모에 의존해 살아가는 '캥거루족'은 비단 한국에서만 나타나는 문제는 아니다. 동 기사에 따르면, 미국의 여론조사기관인 퓨리서치센터 설문조사에서 최근 10년간 성인 자녀를 부양했다고 응답한 부모는 2013년 30%에서 2023년 60%로 증가하였으며, 18~24세 응답자 중 부모에게서 경제적으로 독립했다고 응답한 비율은 1980년 32%에서 2023년 16%로 감소한 것으로 나타난다.

성인이행기의 과업 중 노동시장으로의 이행이 지연되거나 불안정성이 높아지면서, 통상 노동시장 진입 이후의 청년기 과업으로 여겨지는 주거독립, 결혼 등으로의 이행은 과거에 비해 개별화, 다양화되고 있다. 특히, 결혼 및 출산은 최근 들어 개인의 선택 영역에 가까워지고 있으며, 주거독립 또한 주거비용의 급격한 상승으로 인해 노동시장으로의 이행 후에

---

[2] 김유경 외(2018)에서는 중·장년층(만 45~64세)의 이중부양(자녀, 부모) 부담 정도를 파악하고자 중·장년층 1,000명을 대상으로 전화 조사를 실시하였는데, 응답자의 약 54%가 미혼 성인자녀를 부양한다고 응답하였고, 6년 이상 장기간 부양한다는 응답 비율도 23%에 이르는 것으로 나타남(p.375).

도 지연되는 경향이 나타난다. 주거독립과 관련하여, 이봉조(2022)에서는 오늘날의 주택시장 상황과 상대적으로 낮은 노동소득 수준을 고려할 때, 상당한 경제적 자원을 필요로 하는 주거독립이 성인이행기에 청년이 필수적으로 수행해야 하는 요소로 보기 어렵다는 견해를 제시하고 있다. 또한, 최선영 외(2022)에서 2021년 가족과 출산조사 자료를 분석한 결과에 따르면, 19~49세 남녀 대상 조사시 주거독립의 계기로 '결혼'이 가장 우세하게 나타나, 우리나라 청년의 경우 주거독립으로의 이행은 취업보다는 결혼이 더 크게 작용하는 것으로 나타난다. 즉, 취업 이후에도 주거독립을 하지 않는 것이 그저 부모에게 의존하고자 하는 자발적 선택이 아니라, 불가피한 차선책 또는 미래에 보다 완전한 자립을 위한 준비단계일 수 있음을 시사한다.

〈표 3-1〉은 3년 단위로 조사되고 있는 가족과 출산조사(구. 전국 출산력 및 가족보건·복지실태조사)에서 자녀 양육 책임의 범위를 어디까지로 생각하는지에 대한 연도별 응답 결과를 나타낸 것이다. 대체로 자녀가 고등학교, 대학교 등의 학업을 마칠 때까지는 부모가 자녀를 책임져야 한다는 인식이 높게 나타남을 볼 수 있다. 그리고 청년층의 취업난이 심각해져 온 현실을 반영하듯, 자녀가 취업할 때까지 부모가 자녀를 책임져야 한다는 응답 비율이 지속적으로 증가해 온 것을 볼 수 있으며, 특히, 2018년과 2021년을 비교할 때, 해당 응답 비율이 크게 높아졌음을 볼 수 있다. 전반적으로 자녀의 고등학교 졸업, 대학 졸업, 취업 때까지 책임져야 한다는 응답 비율을 합산해보면, 2003년 약 60% 정도에서 계속 증가하여 2015년 이후에는 약 90% 내외 수준으로 나타난다. 반면, 2000년대까지만 하더라도 자녀가 혼인할 때까지 부모가 자녀를 책임져야 한다는 의견은 상당히 높은 비중을 차지하였으나, 2010년대 이후로는 해당 인식은 크게 감소하였음을 볼 수 있다.

<표 3-1> 연도별 자녀 양육 책임의 범위 변화(2003~2021)

(단위: %)

구분	자녀가 고등학교 졸업할 때까지	자녀가 대학 졸업할 때까지	자녀가 취업할 때까지	자녀가 혼인할 때까지	필요하면 언제까지라도	기타/ 모르겠음
2003	8.3	40.2	11.5	32.1	6.3	1.6
2006	8.6	46.3	11.9	27.0	5.5	0.6
2009	9.6	49.6	12.2	23.1	5.0	0.5
2012	8.6	49.6	15.7	20.4	4.6	0.8
2015	10.4	62.4	17.2	8.8	1.2	-
2018	14.7	59.2	17.4	7.1	1.6	-
2021	13.9	51.5	24.2	7.7	2.7	

출처: "중장년층 가족의 이중부양 부담 구조 변화와 대응방안 연구", 김유경 외, 2018, p.85, 한국보건사회연구원. "2018년 전국 출산력 및 가족보건·복지 실태조사", 이소영 외, 2018, p.231, 한국보건사회연구원. "2021년도 가족과 출산조사", 박종서 외, 2021, p.263, 한국보건사회연구원.

지금까지의 논의를 바탕으로, 본 장에서는 성인이행기 특성 변화 중 '성인기로의 이행 지연'에 중점을 두고자 하며, 그 안에서도 상대적으로 개인의 선택 영역으로 고려되는 경향이 강해지고 있는 결혼보다는 노동시장에 진입하는 성인이행기 초기 시점에 초점을 두고 연구를 진행하고자 한다. 다만, 성인이행기 초기의 대표적 과업이라 볼 수 있는 노동시장으로의 이행 지연을 부모와의 동거 여부 하나로 나타내는 것이 적정한가에 대해서는 논의의 여지가 있을 수 있다.

최선영 외(2023, pp.57~58)에 따르면, 청년의 학업상태와 경제활동 상태(취업 여부) 조합이 부모와의 동거 여부를 강하게 설명하는 것으로 나타난다. 즉, 정규교육 과정에 참여하고 있으면서 취업하지 않은 청년(만 19~34세)은 98%가 부모와 동거하는 것으로 나타나며, 정규교육 완료 후 비취업 청년은 73%가, 정규교육 완료 후 취업 청년은 62%가 부모와 동거하는 것으로 나타난다. 다만, 정규교육 완료 후 비취업 및 취업 청년 모두 부모와 동거하지 않으면서 사적이전을 받는 경우도 일부 존재한다. 그뿐만 아니라, 종사상지위별 부모와 동거 여부를 보면, 임시·일용근로자, 무급가족종사자 등 상대적으로 노동시장 지위가 낮은 청년은 다른 종사상지위에 비해 부모와의 동거 비율이 과반으로 높게 나타나며, 이들 중에도 부모와 동거하지 않지만 사적이전이 존재하는 경우가 일부 나타나고 있다. 다시 말하면, 이는 자녀가 노동시장으로 이행하였더라도 취업의 질적 측면 혹은 또 다른 이유로 부모와의 동거를 지속할 수 있으며, 취업하지 않은 상태일지라도 부모와 동거하지 않고 부모의 지원을 받고 있을 수 있음을 의미한다.

이에 본 연구에서는 부모와의 동거 여부 이외에 '자녀의 경제적 의존 여부'를 함께 조사하고 있는 고령화고용패널 자료를 활용하여, 두 변수의 조합에 따른 청년층의 특성을 살펴보고, 이들의 취업 특성(경제활동여부 및 종사상지위)를 함께 고려하여 청년의 성인이행기 초기 단계를 ① 의존(동거, 비동거 모두 포함), ② 동거-비의존-상용직, ③ 동거-비의존-임시·일용/비임금/미취업, ④ 비동거-비의존-상용직, ⑤ 비동거-비의존-임시·일용/비임금/미취업 등 5가지로 유형화하고자 한다.

물론 이러한 유형화는 과거 대비 성인이행기의 '변화' 특성을 엄밀히 반영하지는 못한다. 변화는 시간의 흐름에 따라 누적되는 것이기에, 이를 변수화하는 것은 상당 기간 누적된 자료가 필요하며, 성인이행기에 발생할 수 있는 생애 사건(졸업, 취업, 결혼 등)을 고려할 때 이를 몇 개의 대표적 유형으로 구분할 수 있을지도 가늠하기 어렵다. 또한, 본 장에서는 청년이 아닌 해당 청년을 부양하고 있는 부모의 상황을 파악하는 데 그 목적이 있기에, 이를 위해서는 자녀의 상황뿐만 아니라 부모의 부양 상황 등에 대한 조사가 함께 이루어진 자료가 필요하다. 현재로서는 이를 모두 반영할 수 있을 만한 자료가 매우 제한적이기에, 본 장에서는 횡단면적 측면에서 성인이행기 초기 단계 변화 특성을 유형화하였다고 볼 수 있다.

즉, 고등교육 확대, 첫 취업 지연 등에 따라 부모와 동거하는 청년 증가, 불안정한 일자리, 집값 상승 등으로 취업 이후에도 부모와 동거하는 청년이 증가하는 특성을 특정 시점에서 단편화하여 이러한 청년 자녀가 있는 가구를 유형화한 것으로 이해할 수 있겠다.

청년 성인 자녀와의 동거는 부모 세대에게 경제적 부양 부담뿐만 아니라 가사 지원 등의 서비스 부양 부담을 지속적으로 야기할 수 있다[3]. 박주영, 유소이(2018)는 성인 자녀와 동거하는 55~70세 중고령층의 약 75%가 은퇴 준비에 어려움이 있음을 보여주었고, 김혜은 외(2021)에서는 부모와 동거하는 청년세대가 주거비, 생활비 등의 경제적 부분뿐만 아니라 가사노동 등도 부모에게 의존하는 경우가 대다수여서, 청년 세대보다 부모 세대가 청년의 주거 독립을 원하고 있음을 보여준다. 이와 같은 부모 세대의 부담을 고려하여, 본 장에서는 청년 자녀의 이행 특성 유형에 따라, 각 유형별로 부모가 부담하는 물질적, 비물질적 비용에 차이가 있는지 기초통계를 중심으로 살펴보고자 한다.

제2절 분석 개요

청년 자녀를 부양하는 부모의 경험을 자료에 기반하여 파악하기 위해서는 우선, 20~34세 사이의 청년 자녀를 부양하고 있을 것으로 생각되는 중·장년 연령층을 중심으로 조사한 자료가 필요하다. 또한, 본 장에서는 '청년 자녀 부양'에 따라 부모가 경험하는 물질적, 비물질적 측면을 살펴보고자 하기에, 20~34세 청년 자녀에 대한 정보도 포괄하고 있는 자료가

---

3) 여기서 서비스 부양은 비경제적인 부양으로, 가사일, 심부름, 돌봄 등을 제공하는 행위를 의미한다(김유경 외, 2018, p.52).

필요하다. 이에 본 연구에서는 위 두 가지 측면에서 일정 수준 이상의 표본을 확보할 수 있는 고령화고용패널 자료를 활용하고자 하며, 본 절에서는 해당 자료에 대한 개괄적인 설명과 함께 동 자료에서 확인할 수 있는 청년의 이행기 특성을 살펴보고자 한다.

1. 분석자료 및 주요 변수 개관

본 절에서 활용하고자 하는 고령화고용패널은 고령화연구패널의 표본마모에 따라, 2021년부터 새로 조사되기 시작한 자료로 현재 2차(2022년 기준) 연도 자료까지 제공되고 있다. 고령화연구패널의 경우, 2006년부터 구축되어 2022년까지 총 9차에 걸쳐 조사가 이루어짐에 따라, 어느 정도 긴 시계열을 확보할 수 있다는 장점이 있으나, 1963년 이전에 출생한 중고령자를 조사대상으로 하고 있어, 자녀의 연령대 분포가 상당히 높게 나타난다는 단점이 있다. 즉, 고령화연구패널에서는 20대~30대 초반 청년 자녀가 있는 표본이 제한적이기에, 본 연구에서는 고령화고용패널 자료를 이용하고자 한다. 다만, 앞서 언급하였듯이, 고령화고용패널조사 자료는 2021년 1차연도 조사에 이어 2022년 2차연도 조사 자료까지 제공되고 있으나, 1차연도와 비교시 2차연도에 추가된 조사 항목이 존재하고, 본 분석에서 필요한 일부 변수는 2차연도에만 조사되어 있는 등의 상황으로 인해, 여기서는 가장 최근 조사자료인 2차연도 자료를 중점으로 활용하고자 한다.

고령학고용패널 자료는 2차 베이비붐 세대인 1964년생~1976년생 중·고령자를 조사대상으로 하고 있으며, 주된 일자리에서의 퇴직, 재취업, 노후 준비 등 이들의 노동시장 현황을 파악하는 데 보다 중점을 두고 있다. 다만, 이외에도 가구유형 정보, 자녀 및 부모 정보, 건강수준 정보(정서적 측면 포함), 소득수준 정보, 소비현황, 자산 규모 등을 함께 조사하고 있다. 특히, 자녀의 노동시장 상황과 관련하여 취업 여부, 종사상지위, 취업 형태(전일제, 시간제), 구직 여부 등 다양하게 조사하고 있다4). 그뿐만 아니라, 자녀와의 동거 여부 및 자녀가 부모에게 경제적으로 의존하고 있다고 생각하는지도 직접적으로 조사하고 있다. 이에 본 연구에서는 자녀의 동거여부, 경제적 의존여부, 노동시장 상태 변수를 활용하여 청년의 성인이행기 특성을 구분하고자 한다.

한편, 본 장절은 청년 자녀의 부양에 따라 부모가 경험하는 물질적·비물질적 비용(또는 효용 등)을 살펴보는 데 그 목적을 두고 있다. 물질적 측면에서 부모는 성인이 된 청년 자녀를 부양함에 따라, 지출 부담이 있을 수 있으며, 이러한 지출 부담의 증가는 맞벌이의 필요성을 야기할 수 있고, 노후 준비에 대한 부담으로 작용할 수 있다. 고령화고용패널조사에서는 가구내 소득과 월평균 소비지출을 조사하고 있으므로, 소득 대비 지출 수준 및 소비항목별 지출 수준에서 청년 자녀의 이행 특성별로 차이가 있는지 살펴보고자 한다. 다만, 노후 준비 관련하여서는 공적연금(국민연금 및 특수직역연금)에 대해서만 납입 기간과 예상수령액 등을 조사하고 있다. 개인연금에 대해서는 현재 받고 있는지, 그렇다면 금액이 어느 정도인지 조사하고 있으나, 동 패널조사의 조사대상 연령이 1964~1976년생이다 보니 실질적으로 연금을 수급받는 표본은 매우 제한적이다. 이에 부모의 노후 준비 부담은 청년 자녀 부양에 따라 영향을 받을 수 있으나, 동 자료에서 이를 확인하기에는 제한적인 측면이 있다.

비물질적인 측면에서 보면, 청년 자녀가 경제적 자립까지의 기간이 길어지고, 충분한 노동 안정성을 확보하지 못하는 등의 상황이 발생하면, 보통 부모는 자녀에 대한 걱정, 자녀가 사회경제적으로 자립하여 살아갈

---

4) 고령화연구패널 자료의 경우, 자녀의 노동시장 상황에 대해서는 '근로하였는지 여부'만 조사하고 있음

수 있도록 지원해야 한다는 의무감 등 심리적으로 부담을 느낄 수 있다. 본 분석에서 비물질적 경험은 주로 정서적 측면에 중점을 두고 살펴보고자 하며, 고령화고용패널조사에서 조사하고 있는 경제상태에 대한 만족도, 삶에 대한 전반적 만족도, 자녀와의 관계에 대한 만족도, 자아존중감 등의 변수를 활용하고자 한다.

2022년 고령화고용패널조사 자료를 이용하는 데 있어, 한가지 유의할 점은 부모가 경험하는 물질적 측면을 나타내는 경제적 변수들(소득, 소비지출 등)들은 조사 시점 전년도인 2021년을 기준으로 조사되었다는 점이다. 반면, 비물질적 측면에서 활용하고자 하는 정서 관련 변수들은 2022년의 조사 시점을 기준으로 응답하게 되어 있다. 따라서, 부모가 경험하는 정서 관련 변수들은 2022년 조사된 청년 자녀의 이행 특성을 기준으로 살펴볼 수 있으나, 경제적 변수들의 경우 기준 시점이 2021년이므로 해당 가구의 2021년 청년 자녀 이행 특성을 기준으로 살펴봐야 한다는 점이다.

이때, 가장 큰 문제점은 고령화고용패널에서 자녀의 경제적 의존 여부를 조사하는 질문과 응답 항목이 1차연도와 2차연도 조사에서 차이가 있다는 점이다. 2021년 1차연도 조사에서는 "현재 자녀가 부모로부터 독립하지 않고 의존하고 있습니까?"라고 묻고, 응답 항목은 주거와 생활비를 모두 의존하고 있는지, 둘 중 하나만 의존하고 있는지 등으로 제시하고 있다. 반면, 2022년 2차연도 조사에서는 "자녀가 현재 응답자 본인에게 경제적으로 의존하고 있다고 생각하십니까"라고 묻고, 응답 항목은 예, 아니오로만 제시하고 있다. 유사한 질문이지만 완전히 동일하지는 않고, 제시된 응답 항목 구성이 상이하기에, 2021년과 2022년의 청년 이행 특성 변수를 최대한 일관성 있게 구성하고자, 여기서는 2022년의 동거 및 의존여부별 분포와 최대한 유사하도록 2021년의 응답 항목을 구분하여 활용하였다.5)

---

5) 이에 대한 설명은 후술하는 '고령화고용패널 조사의 청년 자녀 이행 특성' 내용을 참조

[그림 3-1] 부모에 대한 자녀의 의존 여부에 대한 연도별 조사항목

2021년	B014 현재 자녀가 부모로부터 독립하지 않고 의존하고 있습니까? ① 주거와 생활비 모두 독립하고 있다 ③ 생활비만 의존하고 주거는 독립하고 있다 ② 주거하고 의존하고 생활비는 자신이 해결한다 ④ 주거와 생활비 모두 의존하고 있다
2022년	Ba014 [자녀 성명]님은 현재 [응답자 성명]님에게 경제적으로 의존하고 있다고 생각하십니까? ① 예 ② 아니오. → Ba018 이동

출처: 각 연도별 고령화고용패널 기본조사 설문지

2. 고령화고용패널 조사의 청년 자녀 이행 특성

고령화고용패널조사에서는 1964~1976년생을 대상으로 자녀가 있는 경우, 자녀의 출생연도, 성별, 학력, 동거 여부, 노동시장 상황 등에 관한 정보를 조사하고 있으며, 자녀가 여러 명인 경우 각각의 자녀 모두에 대해 동일한 내용을 조사하고 있다. 다만, 응답 대상이 되는 중·장년층은 부부패널인 경우와 아닌 경우로 구분되고 있으며, 부부패널의 경우 응답자는 2명이지만 자녀에 관해서는 (대체로) 동일한 정보를 가지고 있게 된다. 여기서는 중·장년 조사대상자가 응답한 자녀 정보를 이용하여, 동 조사에서 파악할 수 있는 청년 자녀의 현황을 우선 살펴보고자 하며, 부부패널의 경우 부부 중 한 사람의 자녀 응답 정보를 활용하였다.

〈표 3-2〉는 고령화고용패널조사 응답자의 자녀 연령, 성별 분포를 보여주는데, 연령은 출생연도 정보를 이용하여 2022년 기준 연나이로 산출하였다. 전체 자녀 중 20세 미만이 약 33%, 20~24세(1998~2002년생) 이하가 26%, 25~29세(1993~1997년생) 이하가 약 27%, 30~34세(1988~1992년생) 이하가 약 13%로 나타난다. 본 연구가 청년 자녀에 초점을 두고 있음을 고려하여, 청년 자녀의 이행 특성은 1988~2002년생, 즉 2022년 기준 연나이 20~34세 자녀만을 대상으로 한정하여 살펴보고자 한다.

<표 3-2> 2022년 고령화고용패널자료의 자녀 연령 및 성별 분포

(단위: 명)

	남성	여성	무응답	합계
20세 미만	1,610	1,498	33	3,141
20~24세 이하	1,349	1,141	19	2,509
25~29세 이하	1,340	1,193	16	2,549
30~34세 이하	635	548	12	1,195
35세 이상	102	98	2	202
합계	5,036	4,478	82	9,596

주: 2022년 고령화고용패널자료 활용하여 저자 산출

〈표 3-3〉과 〈표 3-4〉는 20~34세 자녀의 부모와의 동거 여부, 부모에 대한 경제적 의존 여부에 대한 응답을 보여준다. 연령대별 동거 여부를 보면, 연령대가 높아질수록 부모와 동거하는 자녀 비율을 감소하며, 고등교육을 이수한다면 재학 중에 있을 확률이 높은 20~24세 자녀의 동거 비율이 74.6%로 가장 높게 나타난다. 자녀 연령대별 부모에의 경제적 의존 여부 응답을 보면, 20~24세 자녀는 의존하고 있다는 비중이 과반인 57.4%로 나타나지만, 30~34세 자녀는 약 6.6%로 자녀 연령대가 높아질수록 눈에 띄게 감소하는 모습을 보인다.

<표 3-3> 청년 자녀 연령대별 동거 여부

(단위: 명, %)

	20~24세	25~29세	30~34세	합계
동거	1,872	1,440	404	3,716
	74.6	56.5	33.8	59.4
비동거	637	1,109	791	2,537
	25.4	43.5	66.2	40.6
합계	2,509	2,549	1,195	6,253
	100	100	100	100

주: 2022년 고령화고용패널자료 활용하여 저자 산출

<표 3-4> 청년 자녀 연령대별 경제적 의존 여부

(단위: 명, %)

	20~24세	25~29세	30~34세	합계
의존	1,429	486	78	1,993
	57.4	19.2	6.6	32.1
비의존	1,061	2,047	1,105	4,213
	42.6	80.8	93.4	67.9
합계	2,490	2,533	1,183	6,206
	100	100	100	100

주: 2022년 고령화고용패널자료 활용하여 저자 산출

〈표 3-5〉는 20~34세 연령대의 모든 자녀를 대상으로 동거 및 경제적 의존 여부를 함께 고려한 분포를 보여주는데, 부모와 동거하면서 경제적으로 의존하는 경우가 약 25.7%로 나타나며, 부모와 동거하고 있지만 경제적으로 의존하지 않다고 (부모가) 응답한 경우는 약 33.8%로 더 높게 나타난다. 부모와 동거하고 있지 않으나 경제적으로 의존하는 경우는 6.4%로 가장 낮은 비중을 보이며, 부모와 동거하지 않고 경제적으로도 의존하지 않는다는 경우는 약 34.1%로 나타난다. '동거-비의존'은 부모가 자녀와 함께 살고 있을지라도, 자녀가 노동시장으로의 이행 등을 통해 일차적인 경제적 자립을 이룬 상황 등에서는 자녀가 본인(부모)에게 경제적으로 의존한다고 생각하지 않을 수 있음을 보여준다.

<표 3-5> 청년 자녀의 동거 및 경제적 의존 여부별 분포

(단위: 명, %)

	의존	비의존	계
동거	1,597	2,095	3,692
	25.7	33.8	59.5
비동거	396	2,118	2,514
	6.4	34.1	40.5
합계	1,993	4,213	6,206
	32.1	67.9	100.0

주: 2022년 고령화고용패널자료 활용하여 저자 산출

이처럼 부모와의 동거가 부모가 생각하는 자녀의 경제적 의존과 다를 수 있음을 고려하여, 〈표 3-6〉~〈표 3-13〉에서는 동거 여부와 경제적 의존 여부 두 가지 변수의 조합을 기준으로 청년 자녀의 특성을 살펴보고자 한다. 우선, 〈표 3-6〉에서 동거-의존 여부별 청년 자녀의 연령 분포를 보면, 경제적으로 의존하고 있는 경우 부모와 동거·비동거 모두 20~24세 비중이 가장 높고, 그다음으로 25~29세 비중이 높게 나타난다. 높은 대학진학률을 고려한다면, 이들 청년은 대체로 재학 중인 학생일 가능성이 높아 보인다. 경제적으로 의존하지 않으면서 부모와 동거하는 경우는 25~29세 연령 비중이 50%고 가장 높고, 그다음으로는 20~24세 비중이 높게 나타난다. 반면, 경제적으로 의존하지 않고 부모와 동거하지 않는 경우는 25~29세, 30~34세 연령 순서로 그 비중이 높게 나타난다. 동거-의존 여부별 자녀의 평균 연령을 보면, 대체로 '의존-동거'에서 '비의존-비동거'로 갈수록 연령대가 높아짐을 볼 수 있다. 동거 여부와 상관없이 경제적으로 의존하고 있는 경우의 평균 연령대는 약 23~24세로, 높은 대학진학률을 고려할 때 이들은 대체로 고등교육을 이수하는 중일 확률이 높아보이며, 이는 〈표 3-7〉에서도 확인할 수 있다.

<표 3-6> 동거-의존 여부별 청년 자녀 연령 분포

(단위: 명, %, 세)

구분		의존		비의존		합계
		동거	비동거	동거	비동거	
20~24세		1,163	266	696	365	2,490
		72.8	67.2	33.2	17.2	40.1
25~29세		380	106	1,053	994	2,533
		23.8	26.8	50.3	46.9	40.8
30~34세		54	24	346	759	1,183
		3.4	6.1	16.5	35.8	19.1
합계		1,597	396	2,095	2,118	6,206
		100	100	100	100	100
연령	평균	23.3	23.7	26.1	27.9	25.9
	중간값	23	23	26	28	26
	하위25	21	21	24	25	23
	상위25	25	25	28	31	29

주: 2022년 고령화고용패널자료 활용하여 저자 산출

<표 3-7>에서 동거-의존여부별 조사시점 기준 최종학력 상태를 보면, 경제적으로 의존하고 있는 경우 동거 여부와 상관없이 대학(2년제 및 4년제)에 재학 중인 경우가 가장 높게 나타난다. 경제적으로 의존하고 있지 않은 경우에는 최종학력이 대학(2년제 및 4년제) 졸업인 비중이 가장 높게 나타나며, 부모와의 동거 여부를 구분하여 보면, 부모와 동거하는 경우 상대적으로 4년제 재학 중인 비중이 비동거에 비해 높게 나타남을 볼 수 있다.

다음으로 <표 3-8>은 동거-의존여부별 청년 자녀의 조사 시점 기준 근로 여부를 보여주는데, 상대적으로 연령대가 낮고, 고등교육 과정을 이수 중인 비율이 높은 의존-동거, 의존-비동거 유형에서는 해당 자녀가 일하지 않는다는 응답이 90% 이상으로 대부분을 차지한다. 또한, 상대적으로 연령대가 높고, 고등교육 과정을 완료한 비율이 높은 비의존-동거, 비의

존-비동거 유형에서는 일한 자녀의 비중이 약 79%로 나타난다. 〈표 3-9〉에서는 자녀가 근로하는 경우 종사상지위에 대한 응답 결과를 보여 주는데, 동거-비의존, 비동거-비의존 유형을 중심으로 보면, 대체로 일하는 청년 자녀는 임금근로자이며, 그중에서도 상용직의 비중이 높게 나타난다. 다만, 동거-비의존의 경우, 부모와 동거하지 않는 자녀(비동거-비의존)에 비해 상대적으로 임시·일용직의 비중이 더 높게 나타남을 볼 수 있다.

〈표 3-7〉 동거-의존 여부별 청년 자녀 최종학력 분포

(단위: 명, %)

구분	의존		비의존		합계
	동거	비동거	동거	비동거	
고졸 이하	143	23	365	451	982
	9.0	5.8	17.4	21.3	15.8
2년제 재학	96	25	50	27	198
	6.0	6.3	2.4	1.3	3.2
4년제 재학	1,021	250	357	163	1,791
	63.9	63.3	17.1	7.7	28.9
2년제 졸업	83	22	396	418	919
	5.2	5.6	18.9	19.8	14.8
4년제 졸업	227	55	893	1,003	2,178
	14.2	13.9	42.7	47.4	35.1
대학원 이상	27	20	32	53	132
	1.7	5.1	1.5	2.5	2.1
합계	1,597	395	2,093	2,115	6,200
	100	100	100	100	100

주: 2022년 고령화고용패널자료 활용하여 저자 산출

〈표 3-8〉 동거-의존 여부별 청년 자녀 근로 여부

(단위: 명, %)

구분	의존		비의존		합계
	동거	비동거	동거	비동거	
근로안함	1,476	376	433	440	2,725
	92.4	95.0	20.7	20.8	43.9
근로함	121	20	1,662	1,678	3,481
	7.6	5.1	79.3	79.2	56.1
합계	1,597	396	2,095	2,118	6,206
	100	100	100	100	100

주: 2022년 고령화고용패널자료 활용하여 저자 산출

〈표 3-9〉 동거-의존 여부별 청년 자녀 근로자의 종사상지위

(단위: 명, %)

구분		의존		비의존		합계
		동거	비동거	동거	비동거	
종사상 지위	상용직	33	9	1,342	1,438	2,822
		27.3	45.0	80.8	85.7	81.1
	임시· 일용직	65	10	251	142	468
		53.7	50.0	15.1	8.5	13.4
	비임금	23	1	69	98	191
		19.0	5.0	4.2	5.8	5.5
합계		121	20	1,662	1,678	3,481
		100	100	100	100	100

주: 2022년 고령화고용패널자료 활용하여 저자 산출

〈표 3-10〉은 〈표 3-8〉에서 일하지 않는다고 응답한 자녀가 구직하고 있는 지에 대한 응답 결과로, 경제적 의존 및 동거 여부와 상관없이 전반적으로 '구직하고 있지 않다'는 응답 비중이 더 높게 나타난다. 본 보고서에서 제시하지 않았지만, 동거-의존, 비동거-의존 유형에 해당하는 자녀의 경우 구직을 하지 않는 이유의 과반이 학교 재학으로 나타나는 반면, 동거-비의존은 취업준비 및 창업준비 응답 비중이 과반으로 나타나며, 비동거-비의존의 경우 육아 및 가사 응답 비중이 다른 이유에 비해 높게 나타난다.

<표 3-10> 동거-의존 여부별 청녀 자녀 비근로자의 구직 여부

(단위: 명, %)

구분	의존		비의존		합계
	동거	비동거	동거	비동거	
구직중	272	47	104	50	473
	18.4	12.5	24.0	11.4	17.4
구직안함	1,204	329	329	390	2,252
	81.6	87.5	76.0	88.6	82.6
합계	1,476	376	433	440	2,725
	100	100	100	100	100

주: 2022년 고령화고용패널자료 활용하여 저자 산출

〈표 3-11〉에서 〈표 3-13〉은 자녀가 경제적으로 의존하고 있다고 응답한 경우, 2021년의 경제적 지원 여부, 했다면 경제적 지원의 이유가 무엇이며, 연간 어느 정도 규모의 지원을 하였는지에 대한 응답 결과를 보여준다. 〈표 3-11〉을 보면, 자녀가 경제적으로 의존하고 있다고 응답한 경우, 자녀와 동거 여부에 관계없이 경제적 지원을 하였다는 응답이 대다수로 나타난다. 경제적 지원의 이유를 최대 3순위까지 응답하도록 한 조사 항목의 결과를 〈표 3-12〉에서 보면, 대체로 정기적인 용돈, 학자금 또는 교육비로 지원하였다는 응답 비중이 높게 나타남을 볼 수 있다. 경제적으로 의존하고 있는 자녀 가운데 부모와의 동거 여부를 기준으로 구분하여 보면, 동거하지 않는 경우 상대적으로 주거비, 생활비가 부족해서 지원한다는 응답 비율이 높은 것을 볼 수 있다. 〈표 3-13〉은 증여나 상속을 제외하고, 2021년 한 해 동안 자녀에게 지원한 금액을 현금과 현물로 구분하여 산출한 것으로, 현금의 경우 평균 약 722만원, 현물은 약 68만원 지원한 것으로 나타난다. 동거 여부를 구분하여 보면, 현금지원은 동거하지 않는 경우에 상대적으로 더 많은 금액을 지원하는 것으로 나타난다.

〈표 3-11〉 동거-의존 여부별 2021년 경제적 지원 여부

(단위: 명, %)

구분	의존		합계
	동거	비동거	
지원함	1,455	347	1,802
	91.1	87.6	90.4
지원하지 않음	142	49	191
	8.9	12.4	9.6
합계	1,597	396	1,993
	100	100	100

주: 2022년 고령화고용패널자료 활용하여 저자 산출

〈표 3-12〉 동거-의존 여부별 경제적 지원 이유(중복 응답 포함)

(단위: 명, %)

구분	의존			
	동거		비동거	
생활비가 부족해서	260	10.2	113	16.4
학자금 또는 교육비	933	36.7	228	33.2
결혼자금	0	0.0	0	0.0
의료비	19	0.7	4	0.6
주거비(주택구입, 전세, 월세 포함)	48	1.9	63	9.2
여행비	12	0.5	2	0.3
경조사	0	0.0	0	0.0
부채 상환	0	0.0	1	0.1
내구재 구입	26	1.0	3	0.4
정기적인 용돈	1,066	41.9	234	34.1
별다른 이유 없음	178	7.0	33	4.8
기타	2	0.1	6	0.9
합계	2,544	100	687	100

주: 2022년 고령화고용패널자료 활용하여 저자 산출

〈표 3-13〉 동거-의존 여부별 경제적 지원 수준

(단위: 만원)

구분		의존		합계
		동거	비동거	
현금지원	평균	693.5	841.4	722
	중간값	500	700	520
	하위25	300	300	300
	상위25	1,000	1,200	1,000
현물지원	평균	69	65.5	68.4
	중간값	10	10	10
	하위25	0	0	0
	상위25	100	100	100

주: 2022년 고령화고용패널자료 활용하여 저자 산출

이상의 내용을 정리하면, 20~34세 청년 자녀가 부모에게 경제적으로 의존하고 있다고 생각하는 경우, 부모와의 동거 여부와 크게 상관없이 자녀가 아직 학업 중에 있는 비중이 높으며, 경제적으로 의존하고 있지 않다고 응답한 경우에는 부모와의 동거 여부 구분별로 자녀의 노동시장 상황이 다소 다르게 나타남을 확인할 수 있었다. 이를 고려하여, 본 절에서는 청년 자녀의 성인이행기 특성 유형을 부모와의 동거 여부, 부모에게의 경제적 의존 여부, 노동 안전성 정도(상용직 vs. 임시·일용·비임금·미취업)에 따라 구분하고, 각 유형에 해당하는 자녀가 있는 중·장년층의 물질적, 비물질적 상황에 차이가 있는지 살펴보고자 한다.

제3절 분석 결과

본 절에서는 청년 자녀의 성인이행기 특성 유형 구분별로 부모가 경험하는 물질적, 비물질적 현황에 차이가 있는지 살펴보고자 한다. 다만, 앞서 언급하였듯이, 본 분석에서는 기본적으로 2022년 고령화고용패널자료를 활용하고 있으나, 해당 조사연도에서 가구소득 및 지출 등의 경제적 변수들은 전년도인 2021년을 기준으로 하고 있기에, 물질적 현황의 경우 2021년 고령화고용패널자료의 자녀 정보를 활용하여 청년 자녀의 특성 유형을 구분한 후 2022년의 패널자료와 연결하여 활용하였다. 이때의 문제점은 자녀의 경제적 의존에 대해 2021년과 2022년 조사의 질문 및 응답 항목이 상이하다는 것인데, 〈표 3-14〉는 2021년 기준 연나이 20~34세(1987~2001년생) 청년 자녀의 부모 동거 및 의존 여부 조합별 분포를 보여준다. 2022년 자료의 조사항목에 기반할 때, 20~34세 자녀 중 부모와 동거-비의존 비율이 약 33.8%였음을 고려할 때(〈표 3-5〉 참조), 부모와의 동거를 통해 '주거만 의존'할 때, 부모 입장에서 해당 자녀가 본인에게 '경제적으로' 의존한다고 생각하지 않을 수 있음을 보여준다. 이에 2021년 자료를 이용할 때, 주거·생활비 모두 독립한 경우와 주거만 의존한다는 응답은 '경제적으로 의존하지 않는 경우'로 구분하고, 생활비만 의존하거나 주거·생활비를 모두 의존하는 응답은 '경제적으로 의존하는 경우'로 구분하여 활용하였다.

〈표 3-14〉 2021년 조사 기준 청년 자녀의 동거 및 경제적 의존 여부별 분포

(단위: 명, %)

	주거, 생활비 모두 독립	주거만 의존	생활비만 의존	주거, 생활비 모두 의존	계
동거	12	1,352	2	2,560	3,926
	0.2	20.6	0.0	38.9	59.7
비동거	2,134	38	153	326	2,651
	32.5	0.6	2.3	5.0	40.3
합계	2,146	1,390	155	2,886	6,577
	32.6	21.1	2.4	43.9	100.0

주: 2021년 고령화고용패널자료 활용하여 저자 산출

2021년 및 2022년 자료에서 자녀에 관한 정보 중 동거 여부, 경제적 의존 여부, 근로 및 종사상지위 상태 등 총 3가지 변수를 활용하여 청년 자녀의 이행기 유형을 다음과 같이 구분하되, 대상 청년 나이는 25~34세로 한정하였다. 이는 상대적으로 학교에 재학 중인 비중이 높은 20~24세보다는 최종학교 졸업 이후 노동시장의 이행이 중요한 청년 연령대에 보다 초점을 두고 살펴보기 위함이다.

① 경제적 의존(동거, 비동거 모두 포함)
② 경제적 비의존-부모와 동거-상용직
③ 경제적 비의존-부모와 동거-임시·일용직/비임금근로자/미취업자
④ 경제적 비의존-부모와 비동거-상용직
⑤ 경제적 비의존-부모와 비동거-임시·일용직/비임금근로자/미취업자

여기서 취업 및 종사상지위 상태를 상용직과 나머지로 구분한 것은 노동시장에서의 상대적인 안정성을 반영한 것이다. 위의 5가지 유형에 해당하는 청년 자녀가 1명 있는 경우에는 자녀의 유형이 곧 해당 자녀가 있는 부모 그룹이 되지만, 자녀가 2명 이상인 경우에는 자녀의 유형과 부모 그

룹을 1:1로 연결할 수 없다. 예를 들어, 청년 자녀가 2명이며, 한명은 ①번 유형, 다른 한명은 ③번 유형에 해당한다면, 이들의 부모는 ①번과 ③번 중 어떤 유형의 청년 자녀가 있는 경우로 분류해야 하는가에 대한 문제가 발생한다. 본 분석에서는 최대한 많은 표본을 확보하여 살펴보기 위하여, 5가지 유형 중 부모에게 상대적으로 더 영향을 줄 수 있는 순위를 ①＞③＞⑤＞②＞④로 가정하고, 자녀가 여러 명인 경우, 영향 순위가 높은 자녀가 최소 1명 존재하면 부모의 그룹도 해당 순위 유형의 자녀가 있는 것으로 연결하였다. 즉, ①번과 ③번 유형의 청년 자녀가 모두 있는 부모의 경우, 상대적으로 부모에게 더 영향을 줄 수 있는 ①번 유형 자녀가 있는 경우로 분류하였다6).

1. 물질적 측면

청년 자녀를 부양함에 따라 경험하게 되는 물질적 측면은 대체로 경제적인 부분과 연관이 있다. 지출 부담이 증가할 수 있고, 이에 추가적인 근로를 할 수 있으며, 상대적으로 노후를 위한 준비(저축 등)가 부족해질 수 있다. 여기서는 고령화고용패널자료의 조사항목 중 자녀 유형별 중·장년층 근로 정도, 가구 소득 및 소비지출 정도, 공적연금 중심의 노후 준비 정도에 대해 살펴보고자 한다.

앞서 언급하였듯이, 2022년 패널자료에서 소득 등의 경제적 부분은 2021년을 기준으로 응답하도록 하고 있기에, 물질적 측면의 분석에서는 2021년 자료에서 청년 자녀 유형을 구분하고, 이를 2022년의 패널자료와 연결하여 분석하였다. 〈표 3-15〉와 〈표 3-16〉은 이렇게 구축된 자료

---

6) 이와 같은 분류가 다소 자의적이라는 비판이 충분히 제기될 수 있음. 다만, 본 보고서에서 제시하지는 않았으나, 각 유형에 해당하는 청년 자녀가 단 1명 있는 경우만을 한정하여 살펴본 경우에도 도출된 결과가 크게 다르지 않음

의 중·장년층 응답자 표본의 기본 특성을 보여준다. 〈표 3-15〉에서 응답자 성별 특성을 보면, 전반적으로 응답자 중 여성의 비중이 높게 나타남을 볼 수 있으며, 평균 나이는 54~55세로 청년 자녀 유형 구분별로 큰 차이를 보이지 않는다. 〈표 3-16〉에서 최종학력 상태 분포를 살펴보면, 자녀가 경제적으로 의존하고 있는 중·장년층에서 상대적으로 고졸이하 비중이 낮고, 대졸 이상 비중이 높게 나타남을 볼 수 있다. 청년 자녀 유형별로 해당 자녀가 있는 중·장년층의 연령대에는 큰 차이 없이 거의 유사함에도 최종학력 상태에서는 차이를 보이고 있음이 눈에 띈다.

〈표 3-15〉 조사응답 중·장년층의 청년 자녀 유형별(2021년 기준) 성별 및 연령 현황

(단위: 명, %, 세)

구분		경제적 의존	경제적 비의존				합계
			동거		비동거		
			상용직	그외	상용직	그외	
남성		382	191	55	267	130	1,025
		37.5	33.0	30.6	37.7	32.9	35.6
여성		637	387	125	441	265	1,855
		62.5	67.0	69.4	62.3	67.1	64.4
합계		1,019	578	180	708	395	2,880
		100	100	100	100	100	100
연령	평균	54.6	54.8	54.8	54.9	55.4	54.8
	중간값	55	55	55	55	56	55
	하위25	53	53	53	53	54	53
	상위25	57	57	57	57	57	57

주: 2021년 및 2022년 고령화고용패널자료 활용하여 저자 산출

〈표 3-16〉 조사응답 중·장년층의 청년 자녀 유형별(2021년 기준) 최종학력 상태

(단위: 명, %)

구분	경제적 의존	경제적 비의존				합계
		동거		비동거		
		상용직	그외	상용직	그외	
고졸이하	601	411	136	528	312	1,988
	59.0	71.2	75.6	74.6	79.0	69.1
초대졸	124	51	15	63	30	283
	12.2	8.8	8.3	8.9	7.6	9.8
대졸이상	294	115	29	117	53	608
	28.9	19.9	16.1	16.5	13.4	21.1
합계	1,019	577	180	708	395	2,879
	100	100	100	100	100	100

주: 2021년 및 2022년 고령화고용패널자료 활용하여 저자 산출

〈표 3-17〉과 〈표 3-18〉은 중·장년층의 근로 현황 중 부부의 맞벌이 여부와 주당 평균 근로시간을 보여준다. 근로 현황을 나타내는 여러 변수 중 이 둘을 살펴본 것은 청년 자녀 부양에 따른 경제적 부담이 추가적인 근로에 영향을 줄 수 있다고 생각했기 때문이다. 우선, 〈표 3-17〉은 청년 자녀 유형별 부부의 맞벌이, 외벌이 분포를 보여주는데, 패널조사 응답 표본 중 부부패널은 각 응답자의 근로여부 변수를 활용하였고, 부부패널이 아닌 경우에는 배우자의 근로여부에 대한 변수를 활용하였다. 또한, 응답자의 혼인상태가 혼인 중인 경우만 한정하였음을 밝힌다. 〈표 4-17〉을 보면, 자녀가 경제적으로 의존하고 있는 경우, 다른 자녀 유형에 비해 상대적으로 맞벌이 비중이 낮게 나타남을 볼 수 있다. 다만, 경제적으로 의존하지 않을 때는 자녀가 동거하고 있는 경우, 맞벌이 비중이 소폭 높게 나타난다.

〈표 3-18〉은 청년 자녀 유형에 따라 부모의 근로시간에 차이가 있는지 살펴보기 위해 산출한 것으로, 패널자료의 조사항목 중 일주일간 평균 근

로시간 변수를 활용하였다. 전반적으로 청년 자녀 이행 유형에 따라 주당 평균 근로시간에는 별 차이가 없는 것으로 나타난다.

〈표 3-17〉 조사응답 중·장년층의 청년 자녀 유형별 맞벌이 여부

(단위: 명, %)

구분	경제적 의존	경제적 비의존				합계
		동거		비동거		
		상용직	그외	상용직	그외	
맞벌이	370	227	67	257	125	1,046
	60.0	64.5	65.7	63.1	56.3	61.5
외벌이	233	116	32	134	87	602
	37.8	33.0	31.4	32.9	39.2	35.4
둘다 일안함	14	9	3	16	10	52
	2.3	2.6	2.9	3.9	4.5	3.1
합계	617	352	102	407	222	1,700
	100	100	100	100	100	100

주: 2021년 및 2022년 고령화고용패널자료 활용하여 저자 산출

〈표 3-18〉 조사응답 중·장년층의 청년 자녀 유형별 일주일 평균 근로시간

(단위: 시간)

구분	경제적 의존	경제적 비의존				합계
		동거		비동거		
		상용직	그외	상용직	그외	
평균	42.6	42.9	42.5	43.2	42.4	42.8
			F-value: 1.60			
중간값	11.5	10.6	12.6	12.4	13.2	11.8

*** $p < 0.001$, ** $p < 0.05$, * $p < 0.1$
주: 2021년 및 2022년 고령화고용패널자료 활용하여 저자 산출

〈표 3-20〉에서 〈표 3-22〉는 가구 단위의 연간(2021년) 총소득과 생활비 수준에 대한 응답 결과를 청년 자녀의 이행 유형별로 구분하여 나타낸 것이다. 여기서 한가지 유의할 점은 동 패널자료가 부부패널을 포함하

고 있기에, 가구 단위로 자료가 수집되는 변수(가구소득, 지출 관련 변수)에 대해서는 부부패널 응답자 중 해당 변수에 응답한 표본만 포함하여 사용하였다는 점이다.

 우선, 〈표 3-20〉에서 가구원의 소득을 모두 포함한 연간 총소득을 보면, 자녀가 경제적으로 의존하고 있거나, 그렇지 않더라도 동거하고 있는 경우의 소득 수준이 비의존-비동거에 비해 높게 나타나고 있음을 볼 수 있다. 5가지 유형별 평균 총소득에 차이가 있는지 살펴본 일원분산분석 결과도 통계적으로 유의하게 나타나고 있다. 다만, 동 자료에서 가구소득은 기본적으로 가구원 모두의 소득을 합산하여 산출됨에 따라, 자녀가 경제적으로 의존하지 않으나 동거하면서 상대적으로 노동 안정성이 있는 상용직인 경우 가구소득이 가장 높게 나타나는 것은 당연한 결과로 보인다. 추가로, 월평균 생활비의 경우에는 자녀가 경제적으로 의존하고 있는 경우 약 361만원으로 가장 높게 나타나고, 경제적 비의존-동거, 경제적 비의존-비동거의 순서로 평균 생활이 수준이 낮아짐을 볼 수 있다. 마지막 패널은 월평균 생활비 응답치에 12개월을 곱하여 연단위로 환산한 후, 연간 소득 대비 생활비 비율을 산출한 것으로 1보다 큰 경우 연간 소득보다 생활비 수준이 더 높음을 의미하게 된다. 연간 소득 대비 생활비 비율은 자녀가 경제적으로 의존하는 경우 상대적으로 높게 나타나지만, 자녀 유형별로는 통계적으로 유의한 차이가 없는 것으로 나타난다.

〈표 3-19〉 조사응답 중·장년층의 청년 자녀 유형별 총소득 및 생활비 현황

(단위: 만원, 비율)

구분	경제적 의존	경제적 비의존				합계
		동거		비동거		
		상용직	그외	상용직	그외	
A. 가구원의 연간 총소득 수준						
평균	6,730.3	7,414.4	6,759.1	5,121.2	5,013.3	6,214.3
	F-value: 28.26***					
중간값	6,280	7,000	6,000	4,700	4,200	6,000
하위25	4,190	5,000	3,540	2,900	2,440	3,600
상위25	8,500	9,500	8,340	6,500	6,500	8,000
B. 가구 월평균 생활비 수준						
평균	361.4	338.5	336.9	263.2	312	323.3
	F-value: 4.66***					
중간값	340	300	300	250	250	300
하위25	250	250	250	180	150	200
상위25	440	400	400	329	300	400
C. 연간 총소득 대비 연간 생활비 비율						
평균	1.29	1.06	0.86	1.17	1.04	1.15
	F-value: 0.17					
중간값	0.67	0.57	0.68	0.68	0.71	0.66
하위25	0.52	0.44	0.53	0.53	0.55	0.51
상위25	0.86	0.74	0.84	0.85	0.90	0.84

*** $p < 0.001$, ** $p < 0.05$, * $p < 0.1$
주: 1. 유형별 평균값에 대해서는 일원분산분석 결과를 함께 제시함
2. 2021년 및 2022년 고령화고용패널자료 활용하여 저자 산출

〈표 3-21〉과 〈표 3-22〉는 소비항목별 월평균 생활비 수준과 전체 생활비 중 각 소비항목이 차지하는 비율을 청년 자녀 유형별로 산출하여 보여준다. 〈표 3-21〉은 〈표 3-12〉에 기반하여, 청년 자녀 부양 부담이 있을 때 더욱 지출이 늘어날 수 있는 소비항목을 중심으로 나타낸 것이며, 〈표 3-22〉는 기본적 소비항목 등 나머지에 대한 생활비 지출 수준을 보여준다. 〈표 3-21〉을 먼저 보면, 자녀가 경제적으로 의존하고 있는 경우

월평균 교육비는 약 24만원(평균)으로, 경제적으로 의존하지 않는 경우보다 높게 나타나며, 전체 생활비에서 교육비가 차지하는 비중도 높게 나타난다. 주거비의 경우, 명목 금액은 자녀가 경제적으로 의존하거나, 의존하지 않더라도 동거하는 경우 더 높게 나타나나, 전체 생활비 대비 비율은 경제적 비의존-비동거 유형에서 더 높게 나타난다. 월평균 용돈의 경우, 경제적으로 의존하고 있는 경우에서 약 32만원으로 가장 높고, 비의존-동거의 경우 약 21~22만원 수준, 비의존-비동거의 경우 약 16만원으로 나타나고, 전체 생활비 대비 용돈 비율도 유사한 순서로 낮아진다. 다만, 자녀가 경제적으로 의존하지 않은 경우, 동거 여부뿐만 아니라 자녀의 노동시장 안정성 정도에 따라서도 유형을 구분하였으나, 대체로 노동 안정성 구분에 따라서는 교육비, 주거비, 용돈 항목의 지출에서 의미있는 차이가 관찰되지 않는다.

〈표 3-22〉에서 나머지 소비항목들의 월평균 지출 수준을 보면, 전반적으로 자녀가 경제적으로 의존하고 있는 경우와 의존하지 않지만 동거하고 있는 경우에 그렇지 않은 경우(비의존-비동거) 보다 소비항목별 명목 지출 수준이 높게 나타남을 볼 수 있다. 반면, 자녀가 경제적으로 의존하고 있는 경우와 경제적으로 의존하진 않지만 동거하고 있는 경우 간에는 명목 지출 수준에 별로 차이를 보이지 않는다. 이는 이들 유형이 〈표 4-21〉의 교육비와 용돈 항목에서는 어느 정도 차이를 보였던 것과는 대조된다. 그러나 자녀가 경제적으로 의존하지 않는 경우, 노동시장 상황에 기반한 추가적 유형 구분에 따라서는 앞서와 마찬가지로 지출 수준에서 유의미한 차이가 관측되지 않는다. 추가로, 전체 생활비에서 각 소비항목이 차지하는 비율을 보면, 식비와 의료 관련 지출은 청년 자녀의 이행 유형별로 가장 차이가 작은 것으로 나타나며, 기본생활비(피복비, 대중교통비, 통신비, 생필품구입)의 경우 자녀가 경제적으로 의존하는 경우, 비의존-동거의 경우에 소폭 높은 지출 비율을 보여준다.

〈표 3-20〉 조사응답 중·장년층의 청년 자녀 유형별 생활비 유형별 지출 현황 I

(단위: 만원, 비율)

구분	경제적 의존	경제적 비의존				합계
		동거		비동거		
		상용직	그외	상용직	그외	
A. 월평균 교육비 – 공교육비, 사교육비						
평균	23.9	14.2	10.9	10.9	7.8	15.5
	F-value: 13.52***					
생활비 대비 비율 평균	0.05	0.03	0.03	0.03	0.02	0.04
	F-value: 15.55***					
B. 월평균 주거비						
평균	25	25.7	27.3	22.3	22.4	24.2
	F-value: 7.94***					
생활비 대비 비율 평균	0.08	0.08	0.09	0.10	0.10	0.09
	F-value: 17.13***					
C. 월평균 용돈						
평균	32.3	21.1	22.8	16	16.7	23.1
	F-value: 24.43***					
생활비 대비 비율 평균	0.08	0.06	0.06	0.05	0.05	0.06
	F-value: 14.78***					

*** $p < 0.001$, ** $p < 0.05$, * $p < 0.1$
주: 1. 유형별 평균값에 대해서는 일원분산분석 결과를 함께 제시함
　　2. 2021년 및 2022년 고령화고용패널자료 활용하여 저자 산출

〈표 3-21〉 조사응답 중·장년층의 청년 자녀 유형별 생활비 유형별 지출 현황 II

(단위: 만원, 비율)

구분	경제적 의존	경제적 비의존				합계
		동거		비동거		
		상용직	그외	상용직	그외	
D. 월평균 식비(외식비 포함)						
평균	95.4	99.9	96.7	72.1	72.2	87.1
	F-value: 52.94***					
생활비 대비 비율 평균	0.28	0.30	0.30	0.29	0.30	0.29
	F-value: 4.40***					
E. 월평균 기본생활비 - 피복비, 대중교통비, 통신비, 생필품구입						
평균	56.3	57.9	55.7	35.9	38.2	48.8
	F-value: 86.13***					
생활비 대비 비율 평균	0.16	0.17	0.17	0.14	0.16	0.16
	F-value: 17.44***					
F. 월평균 의료 관련 지출 - 보건의료비, 간병비, 보험료						
평균	53	50.1	50.9	44.5	41.1	48.4
	F-value: 7.62***					
생활비 대비 비율 평균	0.15	0.15	0.15	0.16	0.15	0.15
	F-value: 3.04**					
G. 월평균 기타 지출 - 차량유지비, 교양오락비, 경조사비, 내구재 구입, 기타 소비						
평균	63.4	62.1	66.6	52.3	51.5	58.8
	F-value: 8.09***					
생활비 대비 비율 평균	0.17	0.18	0.18	0.19	0.19	0.18
	F-value: 5.17***					

*** $p < 0.001$, ** $p < 0.05$, * $p < 0.1$
주: 1. 유형별 평균값에 대해서는 일원분산분석 결과를 함께 제시함
2. 2021년 및 2022년 고령화고용패널자료 활용하여 저자 산출

마지막으로 공적연금(국민연금 및 특수직역연금)을 중심으로 중·장년층의 노후 준비 정도는 〈표 3-23〉에서 〈표 3-25〉에 제시되어 있다. 먼저, 〈표 3-23〉은 조사 시점 기준 공적연금에 가입하여 보험료를 납부하고 있는지에 대해 청년 자녀 유형별로 구분하여 나타낸 것으로, 자녀가 경제적으로 의존하고 있거나, 의존하지 않더라도 동거하고 있는 경우 보

험료를 납부하고 있지 않다는 응답 비중이 높게 나타난다. 여기서 보험료를 납부하지 않는 경우는 공적연금에 가입한 상태이나 공식적으로 보험료 납부 유예를 적용받고 있는 경우, 가입상태이나 보험료를 내지 않고 있는 경우, 가입하지 않았거나 적용대상이 아닌 경우의 응답을 모두 포함한다. 〈표 3-24〉는 조사 시점을 기준으로 그때까지 보험료를 납부한 기간이 얼마나 되는지의 응답 결과로, 여기서는 연금 수급 자격 기준이 되는 10년을 기준으로 구분하였다. 대체로 10년 이상 되었다는 응답 비율이 60% 이상으로 너 많게 나타났으나, 경제적 비의존-동거-그외, 경제적 비의존-비동거-그외의 유형에서 상대적으로 10년 미만 납부 비율이 다소 높게 나타남을 볼 수 있다. 다만, 이는 앞서 살펴본 응답자의 기본 특성을 고려할 때, 이들 유형에서 상대적으로 여성 응답자 비율이 높은 것과 무관하지 않을 수 있다. 한편, 〈표 3-25〉는 공적연금 수급시 받게 될 것으로 예상되는 월평균 금액에 대한 응답으로, 자녀가 경제적으로 의존하고 있는 약 88만원으로 가장 높게 나타난다.

〈표 3-22〉 조사응답 중·장년층의 청년 자녀 유형별 공적연금 보험료 납부 여부

(단위: 명, %)

구분	경제적 의존	경제적 비의존				합계
		동거		비동거		
		상용직	그외	상용직	그외	
납부	253	156	57	209	151	826
	25.1	27.6	32.0	30.0	39.0	29.2
납부하지 않음	755	409	121	487	236	2,008
	74.9	72.4	68.0	70.0	61.0	70.9
합계	1,008	565	178	696	387	2,834
	100	100	100	100	100	100

주: 1. '납부하지 않음'은 가입 상태이나 공식적으로 보험료 납부 유예를 적용받고 있는 경우, 가입 상태이나 보험료를 내지 않고 있는 경우, 가입하지 않았거나 적용대상이 아닌 경우의 응답을 모두 포함함
2. 2021년 및 2022년 고령화고용패널자료 활용하여 저자 산출

〈표 3-23〉 조사응답 중·장년층의 청년 자녀 유형별 공적연금 보험료 납부 기간

(단위: 명, %)

구분	경제적 의존	경제적 비의존				합계
		동거		비동거		
		상용직	그외	상용직	그외	
10년 미만	270	147	52	205	111	785
	32.6	32.0	39.7	36.6	39.2	34.7
10년 이상	559	312	79	355	172	1,477
	67.4	68.0	60.3	63.4	60.8	65.3
합계	829	459	131	560	283	2,262
	100	100	100	100	100	100

주: 2021년 및 2022년 고령화고용패널자료 활용하여 저자 산출

〈표 3-24〉 조사응답 중·장년층의 청년 자녀 유형별 월평균 공적연금 수급예상액

(단위: 만원)

구분	경제적 의존	경제적 비의존				합계
		동거		비동거		
		상용직	그외	상용직	그외	
평균	87.9	77.2	63.7	75.7	75.9	79.8
	F-value: 4.10**					
중간값	70	60	50	53	50	60
하위25	40	40	35	35	30	38
상위25	120	100	70	96.5	100	100

*** $p < 0.001$, ** $p < 0.05$, * $p < 0.1$
주: 2021년 및 2022년 고령화고용패널자료 활용하여 저자 산출

기술통계를 중심으로 살펴본 결과를 종합하면, 청년 자녀의 경제적 의존 여부, 동거 여부에 따라 소득, 소비지출, 노후준비 수준에 차이가 있기는 하나, 청년 자녀 부양이 부모에게 경제적으로 부정적인 부담으로 작용하고 있는가에 대해서는 답하기 어렵다. 자녀가 경제적으로 의존하고 있거나 의존하지 않더라도 동거하는 경우, 교육비, 용돈 등의 생활비 지출이 더 발생하는 것은 관찰되나, 대체로 이들 가구에서 소득 수준, 미래 예

상 월평균 공적연금 수급액이 더 높게 나타나고, 최종학력 수준도 더 높게 나타나고 있어, 부모가 어느 정도 청년 자녀를 부양할 수 있는 여력이 있기에 자녀를 지원하고 있을 가능성을 배제하기 어렵다.

2. 비물질적 측면

청년 자녀를 부양함에 따라 경험하게 되는 비물질적 측면은 부모의 정서적 부분이 있을 수 있다. 청년 자녀가 최종학교 졸업 후 경제적 자립이 늦어지면, 자녀에 대한 걱정과 책임감 증대 등 부모의 정서에 어떤 식으로든 영향을 미칠 수 있다. 본 절에서는 패널자료에서 활용할 수 있는 주관적 감정에 대한 변수들을 중심으로 청년 자녀 이행 유형별 중·장년층의 정서적 부분에 차이가 나타나는지 살펴보고자 한다.

앞서 물질적 측면의 경우, 경제적 변수의 조사 시점 문제로 인해 2021년 자녀 정보에 기반하여 분석하였고, 비물질적 측면의 경우 2022년 패널자료는 모두 2022년을 기준으로 하고 있기에 자녀 정보도 동일하게 2022년에 기반하고 분석하였다. 응답자의 차이를 확인하고자, 〈표 3-26〉과 〈표 3-27〉은 2022년 자료에 기반한 중·장년층 응답자 표본의 기본 특성을 보여준다. 〈표 3-26〉에서 응답자 성별 특성을 보면, 전반적으로 여성의 비중이 더 높게 나타나며, 평균 나이는 54~55세로 청년 자녀 유형별로 차이를 보이지 않는다. 〈표 3-27〉에서 최종학력 상태 분포를 살펴보면, 앞서와 유사하게, 자녀가 경제적으로 의존하고 있는 중·장년층에서 싱대직으로 고졸이하 비중이 낮고, 대졸 이상 비중이 더 높게 나타난다. 청년 자녀 유형별로 해당 자녀가 있는 부모의 연령은 거의 차이가 없으나, 최종학력 상태 분포는 앞서와 유사하게 상당한 차이를 보인다.

〈표 3-25〉 조사응답 중·장년층의 청년 자녀 유형별(2022년 기준) 성별 및 연령 현황

(단위: 명, %, 세)

구분		경제적 의존	경제적 비의존				합계
			동거		비동거		
			상용직	그외	상용직	그외	
남성		289	326	137	282	172	1,206
		38.6	36.2	33.5	37.7	36.4	36.8
여성		460	575	272	467	300	2,074
		61.4	63.8	66.5	62.4	63.6	63.2
합계		749	901	409	749	472	3,280
		100	100	100	100	100	100
연령	평균	54.3	54.5	54.5	54.7	54.9	54.6
	중간값	55	55	55	55	56	55
	하위25	53	53	53	53	54	53
	상위25	56	57	57	57	57	57

주: 2022년 고령화고용패널자료 활용하여 저자 산출

〈표 3-26〉 조사응답 중·장년층의 청년 자녀 유형별(2022년 기준) 최종학력 상태

(단위: 명, %)

구분	경제적 의존	경제적 비의존				합계
		동거		비동거		
		상용직	그외	상용직	그외	
고졸이하	409	608	270	537	373	2,197
	54.7	67.5	66.0	71.7	79.0	67.0
초대졸	105	87	48	71	33	344
	14.0	9.7	11.7	9.5	7.0	10.5
대졸이상	234	206	91	141	66	738
	31.3	22.9	22.3	18.8	14.0	22.5
합계	748	901	409	749	472	3,279
	100	100	100	100	100	100

주: 2022년 고령화고용패널자료 활용하여 저자 산출

〈표 3-28〉은 2차연도 고령화고용패널의 조사항목 중 자기자신에 대한 생각을 응답하도록 구성된 '로젠버그 자아존중감 척도 검사'를 40점으로 합산하여 나타낸 결과이다. [그림 3-2]에서 볼 수 있듯이, 총 10개 문항에 대해서 자기자신을 어떻게 생각하는지 4점 척도로 응답하도록 구성되어 있으며, 부정적 문항에 대해서는 4점 척도를 반대로 부여하여(항상그렇다-1점) 점수를 합산하게 되며, 이에 전체 합산 점수는 10~40점 사이로 나타난다. 〈표 3-28〉은 점수 구간을 상대적으로 자아존중감이 낮은 상태인 25점 미만과 보통인 25~34점, 자아존중감이 매우 높은 35점 이상으로 구분하여 응답 분포를 나타내고 있으며, 하단에는 40점으로 환산한 자아존중감의 평균 점수를 청년 자녀 이행 유형별로 산출하여 제시하였다. 우선, 평균 점수를 보면 30~31점 사이로 그 차이가 미세하나, 대체로 자녀가 경제적으로 의존하거나, 비의존-동거 유형에서 다소 높게 나타난다. 점수 구간별 분포에서 35점 이상을 보면, 자녀가 경제적으로 의존하고 있는 경우 가장 높게 나타나며, 비의존-동거의 경우, 자녀의 노동 안정성이 높을수록 응답 비중이 높으나, 비의존-비동거의 경우 반대의 경향을 보인다.

〔그림 3-2〕 자아존중감 척도 검사 항목

C014 다음은 자기 자신에 대한 [응답자 성명]님의 생각에 관한 질문입니다.
각 문항에 대해 [응답자 성명]님께서 가장 가깝다고 느끼는 것을 말씀하여 주십시오.

문항	대체로 그렇지 않다	보통이다	대체로 그렇다	항상 그렇다
나는 내가 다른 사람들처럼 가치 있는 사람이라고 생각한다.	①	②	③	④
나는 좋은 성품을 가졌다고 생각한다.	①	②	③	④
나는 대체적으로 실패한 사람이라는 느낌이 든다.	①	②	③	④
나는 대부분 다른 사람들과 같이 일을 잘 할 수가 있다.	①	②	③	④
나는 자랑할 것이 별로 없다.	①	②	③	④
나는 내 자신에 대하여 긍정적인 태도를 가지고 있다.	①	②	③	④
나는 내 자신에 대하여 대체로 만족한다.	①	②	③	④
나는 내 자신을 좀 더 존경할 수 있으면 좋겠다.	①	②	③	④
나는 가끔 내 자신이 쓸모없는 사람이라는 느낌이 든다.	①	②	③	④
나는 때때로 내가 좋지 않은 사람이라고 생각한다.	①	②	③	④

출처: 2022년 고령화고용패널 기본조사 설문지

〈표 3-27〉 조사응답 중·장년층의 청년 자녀 유형별 자아존중감 수준

(단위: 명, %, 점)

구분		경제적 의존	경제적 비의존				합계
			동거		비동거		
			상용직	그외	상용직	그외	
25점 미만		25	35	16	39	26	141
		3.3	3.9	3.9	5.2	5.5	4.3
25~34점		573	709	341	607	363	2,593
		76.5	78.7	83.4	81.0	76.9	79.1
35점 이상		151	157	52	103	83	546
		20.2	17.4	12.7	13.8	17.6	16.7
합계		749	901	409	749	472	3,280
		100	100	100	100	100	100
평균		31.2	31.0	30.6	30.5	30.5	30.8
		F-value: 4.96***					
중간값		31	31	31	31	31	31

*** p < 0.001, ** p < 0.05, * p < 0.1
주: 2022년 고령화고용패널자료 활용하여 저자 산출

다음으로 〈표 3-29〉는 [그림 3-3]의 조사 결과를 활용하여 나타낸 것으로, [그림 3-3]은 우울증을 측정하는 척도인 CES D-10(Boston form)으로 노인·만성질환자를 대상으로 개발한 미국 CES-D 20 문항 중 축약하여 사용되는 한국판 CES-D10이다[7]. 동 패널자료에서 각 문항에 대한 응답을 합산한 값을 제공하지 않고 있으므로, 고령화연구패널의 유저가이드를 참조하여 다음과 같이 점수를 부여하였다. 즉, 각 문항에 대해 '③ 자주 그런 생각이 들었음(3일~4일 정도)' 또는 '④ 항상 그런 생각이 들었음(5일~7일 정도)'으로 응답한 경우 1점, '①잠깐 그런 생각이 들었거나, 그런 생각이 들지 않았음(하루미만)' 또는 '②가끔 그런 생각이 들었음(하루 이틀 정도)'으로 응답한 경우 0점을 부여하였으며, 긍정적 문항에 대해서는 반대로 점수를 부여하여 합산하였다. 합산한 점수는 최소 0에서 10점의 값을 가지게 되는데, 〈표 3-29〉에서 점수별 분포를 보면 '0점'이 대다수를 차지하고 있어, 평균값도 거의 0에 가까운 점수가 산출되었다. 다만, 상대적으로 자녀가 경제적으로 의존하고 있는 경우, 의존하지 않더라도 자녀와 동거하고 있는 경우에서 0점의 응답 비중이 다른 유형에 비해 더 높게 나타나고 있으며, 자녀가 경제적으로 의존하지 않고 동거하지 않은 경우, 4점 이상으로 나타난 응답자 비중이 다른 유형에 비해 더 높게 나타남을 볼 수 있다.

---

[7] 고령화연구패널 1~9차 기본조사 유저가이드 참조

[그림 3-3] 우울(감) 검사 항목

C013 다음은 지난 일주일간의 느낌과 행동에 관한 질문입니다.
지난 한 주 동안, 얼마나 자주 다음과 같이 느끼거나 행동하셨는지 말씀해 주십시오.

문항	잠깐 그런 생각이 들었거나, 그런 생각이 들지 않았음(하루미만)	가끔 그런 생각이 들었음 (하루 이틀 정도)	자주 그런 생각이 들었음 (3일~4일 정도)	항상 그런 생각이 들었음 (5일~7일 정도)
사람들이 나에게 차갑게 대하는 것 같았습니까?	①	②	③	④
마음이 슬프셨습니까?	①	②	③	④
많이 우울하다고 생각하셨습니까?	①	②	③	④
모든 일들이 힘들게 느껴지셨습니까?	①	②	③	④
비교적 잘 지냈다고 생각하십니까?	①	②	③	④
사람들이 나를 싫어하는 것 같았습니까?	①	②	③	④
잠을 잘 이루지 못했다고 생각하십니까?	①	②	③	④
큰 불만없이 생활했다고 생각하십니까?	①	②	③	④
세상에 홀로 있는 듯한 외로움을 느끼셨습니까?	①	②	③	④
도무지 무엇 해나갈 엄두가 나지 않으셨습니까?	①	②	③	④

출처: 2022년 고령화고용패널 기본조사 설문지

〈표 3-28〉 조사응답 중·장년층의 청년 자녀 유형별 우울(감) 수준

(단위: 명, %, 점)

구분	경제적 의존	경제적 비의존				합계
		동거		비동거		
		상용직	그외	상용직	그외	
0점	680	799	361	651	409	2,900
	90.8	88.7	88.3	86.9	86.7	88.4
1점	43	68	34	59	47	251
	5.7	7.6	8.3	7.9	10.0	7.7
2점	14	20	11	18	4	67
	1.9	2.2	2.7	2.4	0.9	2.0
3점	7	8		11	2	28
	0.9	0.9		1.5	0.4	0.9
4점 이상	5	6	3	10	10	34
	0.7	0.7	0.7	1.3	2.1	1.0
합계	749	901	409	749	472	3,280
	100	100	100	100	100	100
평균	0.2	0.2	0.2	0.3	0.2	0.2
	F-value: 2.06*					

*** p < 0.001, ** p < 0.05, * p < 0.1
주: 2022년 고령화고용패널자료 활용하여 저자 산출

다음으로 <표 3-30>은 전반적인 삶의 만족도에 대한 조사 항목을 나타낸 것으로 각 문항은 10점단위로 0~100점 사이의 값으로 응답하게 구성되어 있다. 첫 번째 패널(A)의 본인의 경제 상태에 대한 만족도를 보면, 자녀가 경제적으로 의존하고 있는 경우, 의존하지 않지만 동거하고 있는 경우에서 만족도가 좀 더 높게 나타남을 볼 수 있다. 두 번째 패널(B)에서 배우자와의 관계에 대한 만족도를 보면, 자녀가 경제적으로 의존하지 않는 경우 및 자녀와 동거하고 있는 경우에 비해 동거하지 않고 있는 경우 만족도가 소폭 더 높게 나타난다. 반면, 세 번째 패널(C)에서 자녀와의 관계에 대한 만족도 점수를 보면, 자녀와 동거하는 경우, 그리고 자녀의 노동 안정성이 상대적으로 나을수록 만족도가 더 높게 나타난다.[8] 동년배와 비교시 본인의 전반적인 삶의 질에 대한 만족도(D)에 대해서도 대체로 자녀와 동거하고 있는 경우 소폭 높게 나타난다. 4가지 항목을 종합해보면, 자녀가 경제적으로 의존하지 않고 동거하지 않으며 노동 안정성이 다소 낮은 경우에 대체로 만족도가 다른 경우에 비해 낮음을 볼 수 있다.

---

8) 자녀가 경제적으로 의존하고 있는 경우, 동거-비동거를 모두 포함하였으나, 의존-비동거 비율이 상대적으로 매우 낮았음(<표 4-5> 참조).

〈표 3-29〉 조사응답 중·장년층의 청년 자녀 유형별 만족도 현황

(단위: 점)

구분	경제적 의존	경제적 비의존				합계
		동거		비동거		
		상용직	그외	상용직	그외	
A. 본인의 경제상태에 대한 만족도						
평균	62.7	61.0	60.4	59.4	56.4	60.3
	F-value: 10.88***					
표준편차	16.7	14.8	16.7	17.4	19.4	16.9
B. 본인과 배우자의 관계에 대한 만족도						
평균	74.7	72.8	70.3	73.5	73.0	73.2
	F-value: 5.90***					
표준편차	13.8	13.8	15.5	14.0	14.3	14.2
C. 본인과 자녀와의 관계에 대한 만족도						
평균	77.8	76.2	74.7	74.6	73.3	75.6
	F-value: 7.05***					
표준편차	12.8	13.6	14.0	15.6	18.2	14.8
D. 동년배 대비 본인의 전반적인 삶의 질						
평균	68.4	66.2	65.2	65.3	62.5	65.8
	F-value: 10.41***					
표준편차	15.1	14.3	15.6	16.6	18.3	15.9

*** $p < 0.001$, ** $p < 0.05$, * $p < 0.1$
주: 1. 유형별 평균값에 대해서는 일원분산분석 결과를 함께 제시함
  2. 2021년 및 2022년 고령화고용패널자료 활용하여 저자 산출

〈표 3-31〉은 소득, 교육, 재산 등을 모두 고려하였을 때 본인의 사회경제적 지위가 어디에 속한다고 생각하는지 묻는 항목에 대한 응답 결과를 청년 자녀 유형별로 보여준다. 대체로 자녀가 경제적으로 의존하고 있거나, 의존하지 않더라도 함께 살고 있는 경우, 사회경제적 수준을 '상', '중의 상'에 응답한 비중이 더 높음을 볼 수 있다. 그리고 자녀가 경제적으로 의존하지 않고 함께 살지 않는 경우, 상대적으로 본인의 사회경제적 지위가 낮다고 응답한 비중이 더 많게 나타나고 있다.

〈표 3-30〉 조사응답 중·장년층의 청년 자녀 유형별 주관적 사회경제적 지위 수준

(단위: 명, %)

구분	경제적 의존	경제적 비의존				합계
		동거		비동거		
		상용직	그외	상용직	그외	
상	34	21	9	14	11	89
	4.5	2.3	2.2	1.9	2.3	2.7
중의 상	250	270	131	195	125	971
	33.4	30.0	32.0	26.0	26.5	29.6
중의 하	332	413	169	342	189	1,445
	44.3	45.8	41.3	45.7	40.0	44.1
하	133	197	100	198	147	775
	17.8	21.9	24.5	26.4	31.1	23.6
합계	749	901	409	749	472	3,280
	100	100	100	100	100	100

주: 2022년 고령화고용패널자료 활용하여 저자 산출

이상 기술통계를 중심으로 살펴본 비물질적 측면에 대한 결과를 보면, 청년 자녀의 경제적 의존, 동거 등이 부모의 정서적 측면에 부정적인 방향으로만 작용하는 것은 아닌 것으로 생각된다. 대체로 자녀와 동거하고 있는 경우, 관계에 대한 만족도나 삶의 전반적인 만족도가 다소 높게 나타나고 있어, 사회적 동물인 인간의 특성상 인간관계의 유지로부터 발생하는 효용도 어느 정도 있을 것으로 생각된다.

제4절 소결

본 장에서는 대학교육의 확대, 노동시장 진입 경쟁 심화, 불안정한 일자리 확대 등 사회적 환경 변화로 과거에 비해 변화된 양상을 보이는 청년의 성인이행기 변화가 그들을 부양하는 부모에게 물질적, 비물질적으

로 어떻게 영향을 미치는 살펴보고자 하였다. 청년의 성인이행기 변화는 다양한 측면에서 논의될 수 있으나, 여기서는 노동시장으로의 이행 기간이 길어지는 특성에 중점을 두었으며, 이에 따라 25~34세 청년을 대상으로 부모와의 동거여부, 경제적 의존 여부, 노동시장 상황 등에 대한 이행 유형을 구분하였다.

2022년 고령화고용패널 자료에서 조사된 청년 자녀의 특성을 보면, 대체로 연령대가 높아질수록 부모와의 동거 비율, 경제적으로 의존하는 비율도 낮아지는 모습을 보인다. 20~24세 청년을 포함하여 20~34세 청년 자녀를 살펴보면, 자녀가 부모에게 경제적으로 의존하고 있다고 부모가 응답한 경우, 대체로 자녀가 학업 중에 있는 비중이 높았고, 경제적으로 의존하지 않고 있다고 응답한 경우에는 대체로 취업하여 상용직에 종사하는 비중이 높았다. 다만, 자녀가 경제적으로 의존하지 않으나 동거하고 있는 경우, 동거하지 않는 경우에 비해 자녀의 노동 안정성이 다소 불안정한 경우가 소폭 높게 나타났다. 한편, 전반적으로 자녀가 경제적으로 의존하지 않은 경우에도 부모와 함께 살고 있는 비중이 상당히 높게 나타났다. 이상의 내용을 종합해보면, 노동시장 이행을 통해 일차적인 경제적 자립을 이룬 후에도 주거 자립의 준비를 위해 부모와 동거하거나, 상대적으로 불안정한 노동시장 지위로 부모와 동거하는 경향이 나타나는 것으로 보인다.

이에 본 장에서는 청년 이행의 유형을 경제적 의존 여부, 동거 여부, 노동 불안정성 정도를 종합하여 총 5가지로 구분한 후, 청년 자녀의 유형에 따라 부모가 경험하는 물질적, 비물질적 측면에 차이가 있는지 기술통계를 중심으로 살펴보았다. 우선, 근로여부, 소득 및 소비 지출, 노후 준비 수준 등의 물질적 측면을 살펴본 결과, 청년 자녀의 5가지 이행 유형별로 소득, 소비지출, 노후준비 수준에 차이가 있기는 하나, 청년 자녀 부양이 부모에게 경제적으로 부정적인 부담으로 작용하고 있는가에 대해서는 답하기 어렵다. 자녀가 경제적으로 의존하고 있거나 의존하지 않더라도 동거하는 경우, 교육비, 용돈 등의 생활비 지출이 더 발생하는 것은 관찰되나, 대체로 이들 가구에서 소득 수준, 미래 예상 월평균 공적연금 수급액이 더 높게 나타나고, 최종학력 수준도 더 높게 나타나고 있어, 부모가 어느 정도 청년 자녀를 부양할 수 있는 여력이 있기에 자녀를 지원하고 있을 가능성이 높아 보인다. 한편, 청년 자녀 이행 유형별의 부모가 경험하는 정서적 측면에 대해 살펴본 결과를 보면, 대체로 자녀와 동거하고 있는 경우, 관계에 대한 만족도나 삶의 전반적인 만족도가 다소 높게 나타나고 있어, 청년 자녀의 부양이 부모의 정서적 측면에 부정적인 방향으로만 작용하는 것은 아닌 것으로 생각된다.

이러한 결과는 최선영 외(2023)의 정성적 연구에서 보여주고 있는 논의가 반영된 것으로 보인다. 즉, 성인이행기 초기에 부모의 지원이 최소한의 안전망 역할에서 최대한의 버팀목 기능으로 전환되면서, 부모에게 지원받는 것이 부모에게 '의존'하는 부정적인 것이 아니라, '보호'받는 그리고 더 나은 노동 안정성 획득 및 보다 나은 주거 자립을 위한 '투자적' 자원의 성격을 가질 수 있다는 점이다. 물론, 본 장에서는 청년 이행 변화를 특정 시점에서의 상태를 기준으로 횡단면적으로 살펴봄에 따라, 시간의 누적을 고려한 더욱 정교한 논의를 할 수 없었다는 한계가 존재한다. 즉, 청년 자녀가 노동 안정성을 획득하기까지의 기간이 길어지면 길어질수록 부모가 경험해야 하는 경제적 부담과 심리적 부담감은 더 부정적일 수 있으나, 여기서는 상태의 지속성(최종학교 졸업 이후 구직기긴, 미취업 기간 등)은 고려할 수 없었기에, 향후 추가적인 연구가 필요할 것으로 생각된다.

제4장

결론 및 정책제언

제1절 주요 결과 요약
제2절 이행기 특성 변화의 거시적 영향
제3절 정책제언

제4장 결론 및 정책제언

제1절 주요 결과 요약

1. 개인사적 영향

청년기의 졸업, 취업, 분가, 결혼이라는 네 가지 생애사 이행 경험이 이후의 삶에 미치는 영향을 시퀀스 분석(sequence analysis), FFLasso 기반 회귀분석, 그룹 비교의 방법을 통해 분석하였다.

주요 분석 결과는 다음과 같이 요약할 수 있다. 먼저, 빈곤 경험 여부에 따라 이행의 격차가 뚜렷이 나타난다. 빈곤 경험이 있는 청년은 학교 졸업 이후 고용으로의 이행이 늦고, 분가와 결혼으로 이어지지 않는 경우도 많은 것으로 확인된다. 즉, 빈곤 청년의 삶의 불안정성이 누적된 불이익(cumulative disadvantage)으로 연결될 수 있다는 점을 시사한다. 저학력 또한 이행 경로의 정체 확률을 높이는 요인으로 나타났다.

이행의 지연 여부와 이행 경험 여부에 따른 우울감과 자아존중감의 차이를 살펴본 결과, 이행이 지연되어 이루어진 경우나 이행 경험이 없는 청년들의 우울감이 평균적으로 높게 나타났다. 다만, 전반적으로 볼 때, 주관적 인식과 생애사 경험 시기 사이에는 혼재된 패턴이 존재하는 것으로 확인된다.

주요 이행 경로 별 개인사적 영향에는 차이가 존재하는 것으로 나타났는데, 졸업과 분가는 이후 삶과의 관련성이 적은 반면, 취업과 결혼 시점은 소득과 출산에 유의미한 영향을 미치는 것으로 나타났다.

이상의 주요 결과가 함의하는 바를 요약하면 다음과 같다. 먼저, 빈곤 경험 여부에 따른 이행 경로의 차이가 존재한다는 점에서 빈곤이 성인으로의 이행 선택의 제약이 되지 않도록 정책개입이 필요하다. 특히 생애사 이행의 정체 효과가 누적적으로 발생할 수 있기 때문에 초기 청년에 대한 조기개입이 중요한 정책방향이 되어야 한다. 둘째, 교육, 노동, 분가, 결혼, 출산 등의 각 단계는 다음 단계의 조건이 된다는 점에서 생애사적 연쇄성이라는 관점에서 정책지원이 이루어질 필요성이 제기된다. 예를 들어, 일자리 이행 지원과 동시에 주거, 문화, 복지 등 일과 더불어 정주여건에 대한 지원도 동시에 고려될 필요가 있다는 것이다. 셋째, 성인으로의 이행 지원과 더불어 정서적 안정감을 제고할 수 있는 정책지원을 병행할 필요가 있다.

2. 가족에의 영향

이행기 지연 특성에 따른 청년 유형을 구분하고, 부모의 경제적·정서적 부담 차이를 분석하였다. 청년은 경제적 의존, 경제적 비의존+동거+상용직, 경제적 비의존+동거+임시/일용/비임금/미취업, 경제적 비의존+비동거+상용직, 경제적 비의존+비동거+임시/일용/비임금/미취업의 5가지 유형으로 구분했다.

이와 같이 분류된 청년 유형별 특성을 살펴본 결과, 경제적 의존 청년은 대로 20대 초반의 고등교육(대학) 재학생이고, 비의존 청년도 부모 동거 비율이 높고, 그 중 일부는 노동시장 지위가 불안정했다. 부모와 동거하면서도 경제적으로 의존하지 않는 청년은 과도기적 단계에 있는 것으로 볼 수 있다.

청년 자녀 부양이 부모에게 경제적으로 부담으로 작용된다고 단정하기 어려운 것으로 확인된다. 즉, 자녀에 대한 교육비, 용돈 등 생활비 지출이 추가적으로 발생하지만, 대체로 이들 부모들의 경제적 수준이 높은 편이어서 실질적으로 큰 부담은 발생하지 않는 것으로 나타났다.

한편, 자녀와 동거하는 부모의 경우 관계에 대한 만족도, 삶의 전반적인 만족도가 다소 높은 수준으로 나타나 청년 자녀 부양이 부모의 정서에 부정적인 영향을 미친다고 단정하기 어렵다. 이는 부모의 관점에서 비독립 청년과의 동거 혹은 부양이 '부담'보다는 '보호'와 '투자'의 성격으로 인식될 가능성이 크다는 점을 시사한다.

그러나 이 같은 분석 결과는 우리나라와 유사하게 가족주의 문화가 발달하고, 가족간의 유대가 강한 이탈리아를 비롯한 남유럽 국가들에서 부모의 행복과 청년 자녀 동거 사이에 긍정적 연관성이 있다는 연구결과(Manacorda and Moretti, 2006), 그리고 와 일맥상통한다. 청년 자녀의 분가가 프랑스 부모의 행복감을 증가시킨 반면, 이탈리아 부모의 행복감을 감소시켰다는 연구결과(Mazzuco, 2006)와 일맥상통한다.

제2절 이행기 특성 변화의 거시적 영향

1. 들어가며

오늘날 청년들의 성인으로의 이행경로의 가장 핵심적인 특징은 지연과 탈표준화 경향이라 할 수 있다. 교육에서부터 일자리, 주거, 그리고 결혼과 출산의 가족형성에 이르기까지 전반적으로 이행에 소요되는 기간이 길어지고 있다는 사실을 주요한 지표들을 통해 확인할 수 있다. 대학진학률, 대학 졸업 소요기간, 졸업후 취업하는 데 소요되는 시간, 결혼연령, 첫 출산 연령 등은 최근으로 올수록 지연되고 있다는 사실을 확인할 수 있다(제1장 3절). 이 같은 지연 현상은 우리나라뿐만 아니라 주요 선진국에서도, 정도의 차이는 존재하지만 지연의 경향은 뚜렷하게 나타난다. 시퀀스 분석과 같은 방법으로 파악된 이행기 특성은 최근으로 올수록 개별화되고, 그 경로도 다양해지는 등의 탈표준화 경향이 뚜렷하게 발견된다(김문길 외 2023, 문혜진 2010, 남춘호·남궁명희 2012, Karagiannaki 2024)

이와 같이 이행기의 지연과 탈표준화로의 변화는 다양한 파급효과를 유발할 것으로 짐작된다. 이행의 당사자인 청년의 삶과 관련해서도 생애 소득, 주관적 인식과 태도, 신체 및 정신건강, 사회적 관계 등에 걸쳐 영향을 미칠 수 있다. 앞서 2장에서는 이와 같은 이행기 특성 변화가 개인의 삶에 미치는 영향을 분석하였다. 또한 이행의 지연은 청년의 부모를 비롯한 가족과의 관계에도 영향을 미칠 수 있다. 경제적으로 독립하지 못한 청년들과 동거하는 부모의 경우는 독립하기까지 청년 자녀를 경제적으로 부양해야 하고, 노인 부모까지 부양해야 하는 경우는 이중부양의 부담을 안게 된다. 한편, 가족간의 유대가 강한 가정에서는 자녀와의 동거에 따른 심리적 안정감을 기대할 수도 있다. 이처럼 독립하지 못한 청년과 동거를 하거나, 주거는 달리하더라도 경제적 지원을 지속해야 하는 경우 부모의 웰빙에는 부정적 영향과 긍정적 영향이 교차할 수 있다. 제3장에서는 이들 부모의 물질적 측면과 비물질적 측면에서의 효용과 비용을 분석했다.

이 절에서는 정책적 함의를 제시하기에 앞서 이행기 특성 변화가 야기할 수 있는 거시적 차원의 영향에 대해 이론적인 차원에서 논의를 전개하고자 한다. 당초 연구 계획 단계에서는 개인사적 영향, 가족사적 영향과 더불어 사회전체적인 차원에서의 영향을 대표성 있는 데이터를 이용하여 실증적으로 검토하고자 하였다. 종속변수로 합계출산율이나 경제성장률과 같은 변수들을 우선적으로 고려하였는데, 이와 같은 장기적 영향을 가지는 변수들을 고려할 때는 차분 GMM과 같은 모형이 필요하고, 이를 위해서는 비교적 긴 시계열 자료가 필수적이다. 따라서 이와 같은 분석에는 UNU-WIDE, World Bank 등이 제공하는 장기시계열 국제비교 자료를 사용하게 되는데, 이들 자료에는 이행기 특성의 변화 혹은 지연 실태를 대표할 수 있는 변수가 존재하지 않는 문제가 있다. 대신. 최근 OECD의 SAG 보고서(OECD, 2024)[9]나 유럽사회조사(ESS)[10]의 특정 라운드에서 부모와 동거하는 청년 비율과 같은 변수를 제공하고 있지만, 그 시계열이 대단히 제한적이어서 장기시계열 국제비교 자료와 결합하여 사용하기에는 큰 한계가 있다. 다만, 이행기 특성 혹은 이행의 지연과 관련한 변수를 생성할 수 있는 개인 또는 가구 단위의 마이크로데이터와 사회경제적 영향을 대표할 수 있는 거시 변수를 포함하는 매크로데이터를 결합하여 분석하는 방법을 시도해 볼 수 있지만 이는 후속연구 과제로 남기기로 한다. 따라서 여기서는 이행기 특성 변화(혹은 지연)가 야기할 수 있는 거시적 차원의 문제들을 이론적, 직관적 차원에서 다루고, 그 정책적 함의를 제시하고자 한다.

2. 이론적, 직관적 논의

거시적인 측면에서 이행기 특성과 연관지어서 고려할 수 있는 요소들은 다양하게 존재한다.

---

9) OECD는 2024년 Society at a Glance에서 2006년과 2022년(또는 최신) 기준 부모와 동거하는 20~29세 청년의 비율을 제공
10) 유럽사회조사(ESS)의 3라운드(2006/2007년)와 9라운드(2018/2019년)에서도 이 변수를 포함한 데이터를 제공

가. 인구

가장 우선 인구 영향을 들 수 있다. 성인으로의 이행과정의 지연 혹은 중단은 연쇄적인 과정을 거쳐 혼인율과 출산율에 영향을 미친다. 교육을 마치고, 노동시장에 진입하고, 안정적인 일자리를 찾고, 주택을 마련하고, 가정을 꾸리고, 가족을 형성하는 순차적인 단계를 이행과정으로 본다. 이 이행과정의 각 단계는 다음 단계를 위한 조건이 되기 때문에 앞선 단계의 이행이 완료되지 않거나 불완전하게 이행이 된다면 다음 단계의 이행은 어려워진다. 결혼과 출산은 성인으로의 이행과정의 가장 마지막 단계이므로 전반적인 이행과정의 지연은 결혼과 출산을 더 지연시키는 요인이 된다. 특히, 가족형성의 과정은 점진적인 안정이 구축되는 과정을 의미하는데, 최근 들어 안정이 매우 더디게 점진적으로 이루어지기 때문에 가족형성 또한 청년의 생애주기 가장 후반에 달성된다. 인간의 생식연령은 기대수명 연장에 맞춰서 점진적으로 높아지고 있지만, 출산의 전 단계들의 연쇄적인 지연과 더불어 '연기증후군'의 메커니즘에 따라 출산에 따르는 위험을 감수할 능력의 약화에 따라 출산율에 부정적인 영향을 미치게 된다.

나. 경제성장

두 번째로 고려할 수 있는 것은 경제성장이다. 이행과정의 변화가 경제성장에 미치는 영향은 다양한 채널을 통해 일어날 수 있다. 먼저, 앞서 이행의 지연이 출산에 부정적인 영향을 미치게 되면, 빠른 속도의 고령화 경향과 맞물려 인구구조의 변화(인구고령화)를 야기할 수 있다. 일차적으로는 생산가능인구 감소로 인해 총생산을 감소시키는 직접적인 효과와 더불어 생산성, 물가, 금융시장 등의 경로를 통해 간접적으로 경제성장에 악영향을 미칠 수 있다(조하현, 임성훈, 임형우, 2019).

제1장에서 언급했던 Billari와 Tabellini(2010)는 2001년 유럽연합(EU) 27개국을 대상으로 18~34세 남성 중 부모와 함께 사는 비율에 대한 데이터를 이용하여 이 변수와 2001년부터 2005년 간 평균 GDP 성장률 간의 잔차 회귀분석을 실시하였다(제1장의 그림 1-1 참조). 제한된 데이터로 인해 인과관계의 증거로 해석할 수 없다는 한계를 가지고 있지만, 부모와 동거하는 청년 남성의 비율이 낮은 국가일수록 경제성장 속도가 유의하게 빠르다는 사실을 실증하고 있다(p. 388). 부모와의 동거를 선택하는 청년들은 문화적, 심리적 동기도 존재하겠지만 주로 경제적으로 독립하지 못했기 때문이라 할 수 있다. 경제적 독립은 안정적 일자리 획득과 밀접하게 관련이 되어 있으므로, 부모와의 동거 비율이 높으면 해당 연령대의 청년들의 노동시장 참여율이 낮거나, 임금으로 대표되는 노동시장 성과가 낮다고 할 수 있다. 안정적인 일자리를 찾기까지 한시적으로 부모와 동거하는 경우는 문제가 없겠지만(이마저도 주로 경제적 사정이 좋은, 즉 사회경제적 지위가 높은 가구에서 작동한다), 부모와의 동거 기간이 길어질수록, 즉 부모에 대한 의존이 커질수록 독립의 가능성이 낮아지는, 일종의 상태의존성이 작동할 위험이 있다. 이 경우 노동시장 참여 감소와 총요소생산 감소로 이어질 수 있다.

또한 독립가구 형성에서 유발될 수 있는 소비, 지출에 대한 기회비용이 발생하여 내수 위축으로 인한 경제성장률 하락의 채널도 존재한다. 그리고 독립의 지연에 따라 사산축적이 부진해지면서 역시 경제싱징에 악영향을 미칠 수 있다. 또한 세수감소에 따라 국가의 재정정책 여력 감소로 인한 경제성장률 하락으로 이어질 수도 있다.

다. 사회보장제도

세 번째로 고려할 수 있는 것은 사회정책의 지속가능성이다. 인구부양비가 높은 오늘날 청년세대의 노동시장 참여 감소 또는 정체는 사회보험과 공공부조의 재원으로 활용되는 사회보험료 수입과 조세수입 감소 또는 정체로 이어져 사회보장제도의 지속가능성에 부정적 영향을 미칠 수 있다. 복지국가 전반적인 재정안정성과 세대 간 형평성에도 파급이 발생할 수 있다. 학교에서 일자리로의 이행이 지연되거나 중단('그냥 쉬었음'으로 대표되는)될 경우, 또는 불완전한 이행으로 인한 불안정 일자리 진입이 확산될 경우 사회보험과 일반 사회보장제도 수입 기반이 악화될 수 있다. 특히 (부분)부과방식으로 운영되는 공적연금제도의 경우에 보험료 수입만으로 제도의 지속가능성을 담보하기 어렵게 될 경우, 수입-지출 구조 개혁, 일반재정 투입 압박 등의 부담이 가중될 수 있다.

그리고 이행을 지연시키는 사회경제적 문제들을 시정하는 데 필요한 정부의 재정지출 확대의 압박이 발생할 수도 있다. 특히 독립하지 못하고 부모와 동거하는 청년의 비중이 크면, 가구기준의 복지제도에 대한 재정 수요가 증가할 수 있다.

요컨대, 성인으로의 이행이 지연될 경우 사회보장제도는 수입기반을 악화시켜 지속가능성을 위협하는 동시에, 이행기 지원에 필요한 청년정책 수요를 증가시키는 이중적인 효과를 유발할 수 있다.

라. 빈곤, 불평등

성인으로의 이행 특성 변화가 빈곤과 불평등에 미치는 영향은 다음과 같이 발생할 수 있다. 먼저, 경제성장에 미치는 영향과 마찬가지 경로를 통해 안정적 일자리 이행이 지연되거나 중단되는 경우 생애소득의 감소로 인한 빈곤위험도가 증가할 수 있다. 또한 독립하지 못하는 청년들을 부양해야 하는 부모의 경우도 공적연금이 성숙하지 못한 우리나라에서는 적절한 수준의 노후소득보장을 기대할 수 없어 노후빈곤으로 이어질 가능성이 존재한다. 특히, 노부모를 동시에 부양해야 하는 부모의 경우는 빈곤위험이 더욱 커진다. 이 같은 경로에 의해 전반적인 빈곤율이 높아질 가능성이 있다. 다만, 청년의 일자리 이행이 지연되는 모든 청년의 빈곤위험도가 높아지는 것은 아니다. 일정 기간 부모의 도움을 받으면서 보다 오랜 기간 교육을 받고, 졸업 후에도 안정적인 일자리 탐색의 기회를 가질 경우 생애근로기간은 감소할 수 있지만, 안정적 일자리 획득에 따라 생애근로기간 감소에 의한 소득감소는 충분히 상쇄할 수 있기 때문이다. 따라서 일자리로의 이행 지연이 전체적인 빈곤율 상승으로 이어질지 여부는 부정적인 영향과 긍정적인 영향의 상대적 크기에 따라 결정될 수 있는 것이다.

불평등과 관련해서 생각해볼 수 있는 메커니즘은 크게 세 가지다. 하나는 노동시장 진입시점의 격차, 즉 생애근로기간의 격차에 따라 발생할 수 있는 메커니즘이다. 두 번째는 안정적인 일자리 획득의 기회를 얻기 위한 부모(가족)의 지원 수준에 따라 격차에서 유발되는 메커니즘이다. 이 두 가지 메커니즘의 종합적 작동에 따라 세대 내 불평등이 유발될 수 있다. 세 번째는 이행의 지연의 세대 간 차이에서 유발되는 메커니즘이다. 앞서 언급했듯이, 그리고 다수의 국내외 문헌들이 보고하듯이, 과거 세대는 오늘날보다 빠른 경제성장의 환경 속에서 표준적인 이행경로를 따르면서 전반적으로 연령 상승과 함께 소득과 자산의 축적을 이룰 수 있었다. 반면, 오늘날 청년세대는 전반적인 저성장 기조와 더불어 과거와 다른 생애소득 및 자산 축적경로를 따라가기 어려워지면서 과거 세대보다 자산형성의 기회가 제약되고 있다. 이 결과 세대 간 소득 및 자산의 불평등이 심화할 가능성이 크다.

마. 사회통합

OECD(2011)는 사회통합(social cohesion)의 구성요소로 사회적 포용(social integration), 사회적 자본(social capital), 사회이동성(social mobility)를 꼽고 있다. 이행경로 특성 변화 또는 이행기간의 지연은 먼저 사회적 신뢰, 규범, 네트워크(관계), 사회참여 등 공동체적 자원인 사회적 자본에 영향을 미칠 수 있다. 사회진출이 지연되거나 어려워지면서 사회적 관계 형성에 어려움을 겪을 수 있다. 또한 가족형성이 지연되거나 포기되면서 핵심적인 사회적 관계 형성 또는 확대 기회를 얻지 못하게 된다. 니트(NEET) 청년이나 '그냥 쉬었음'으로 보고하는 청년들의 경우 사회적 관계가 축소되면서 고립 또는 은둔으로 이어질 위험도 크다.

한편, 학교에서 일자리 이행의 지연 또는 중단은 노동시장에서의 배제로 이어져 사회적 포용에 저해가 될 수 있다. 또한 부모의 지원을 기대하기 어렵거나, 조기 취업을 통해 생계 책임을 져야 하는 계층의 청년들은 충분한 진로탐색의 기회를 통해 안정적 일자리 진입을 기대하기 어렵다. 질 낮은 일자리라도 우선 취업해서 소득단절의 공포에서 벗어나야 하는 압박을 받는다. 한 번 질 낮은 일자리에 들어가면, 기술향상을 통한 좋은 일자리로의 이행 기회를 얻지 못해 계속 질 낮은 일자리에 머물게 되는 메커니즘을 통해 낮은 수준의 기회가 낮은 수준의 결과로 이어지는 악순환 고리가 형성된다. 이는 사회이동성을 저해시키는 요인이 된다.

바. 지연된 이행 함정(delayed transition trap)

앞서 살펴본 이행특성 변화 또는 이행지연이 야기할 수 있는 거시적 측면에서의 파급효과는 모두 상호연관성을 가지며 인구, 경제, 사회 전반에 걸친 악순환의 고리를 형성할 수 있다. 즉, 이행의 지연은 다양한 측면에서의 부정적인 영향을 연쇄적으로, 그리고 누적적으로 유발할 수 있다는 점에 주목할 필요가 있다.

제3절 정책제언

1. 정책적 함의

앞서 이행경로의 특성이나 이행에 소요되는 시간은 국가별로 상당한 차이를 보인다는 점을 확인했다. 그리고 이 같은 차이를 유발하는 데는 다양한 요인이 있을 수 있지만, 복지국가 레짐 또는 이행 레짐에 따라 비교적 뚜렷하게 구분되는 차이는 이들 레짐을 구성하는 특징에서 비롯된다는 추론을 할 수 있다. 김문길 외(2023)에서 살펴보았듯이, 청년층 혹은 더 거슬러 올라 아동, 청소년, 가족에 대한 사회지출 수준, 교육과 노동시장 제도, 사회주택이나 주거수당과 같은 주거와 관련한 정부 지원 수준 등에 따라 상당한 차이가 존재한다. 이 같은 점에서 비단 청년정책의 관점뿐만 아니라 인구사회경제 정책적 측면에서 이행기 청년에 대한 지원을 모색할 필요가 있다.

또한 성인으로의 이행특성 변화와 이행의 지연은 전반적인 인구사회경제적 환경에서 유발된다는 점에 주목할 필요가 있으며, 이 같은 맥락에서 미래 청년 세대의 경우 이행특성의 변화와 이행의 지연이 보다 심화할 수 있다는 점에서 정책대상 범위를 아동, 청소년으로까지 확장할 필요가 있다. 2023년 '이행기 청년 삶의 궤적에 대한 조사'에서 현재 청년들이 인식하는 성인됨의 조건으로 '자기행동에 대해 책임을 지는 것', '부모나 타인의 영향을 받지 않고 자신의 신념과 가치를 결정하는 것', '취업', '경제적 자립' 등의 순으로 중요하게 생각하고 있는 것으로 나타났다(김문길 외, 2023: 180). 이와 같이 성인됨의 표식들을 전제로, 성인으로 이행되는 시기는 부모 세대 〈 당사자(청년) 세대 〈 미래 자녀세대로 인식 또는 전망하고 있다는 점에서 미래 청년 세대의 경우 성인으로의 이행이 더 어려워지고 지연될 가능성이 있다고 할 수 있다. 아동청소년, 가족 지원정책을 확대하는 것은 청년들의 독립을 촉진할 수 있는 중요한 요인이 될 수 있다는 점에 주목할 필요가 있다.

인구정책의 측면에서 고려할 점은 다음과 같다. 먼저, 저출산 문제에 대한 대응을 위해서는 이행과정의 연쇄성을 고려하여 학교에서 일자리로의 이행에 대한 지원을 강화할 필요가 있다. 또한 일자리 이행 지원과 동시에, 제3장에서 기술한 것과 같이 일자리 주변의 주거, 문화, 여가, 참여 등을 원활히 할 수 있는 정주여건에 대한 지원도 동시에 고려할 필요가 있다. 특히, 비수도권 지역에 대한 균형발전을 적극적으로 추진해야 한다. 수도권에 비해 일자리 기회가 현저히 적은, 그리고 그 기회격차가 계속 확대되고 있는 지역에서 청년들이 정주할 수 있는 환경을 조성하는 것이 중요하다.

경제정책의 측면에서는 분가 또는 취업 시기가 소득에 중요한 영향을 미친다는 점에 주목하여 주거와 노동시장 접근성을 제고하고, 이를 통해 주거독립과 취업을 촉진함으로써 생산가능 인구의 자립을 지원할 필요가 있다. 또한 이행이 정체되는 청년의 경우 장기적으로 자산형성의 기회를 잡기 어려워 내수부진에 따른 성장 정체와 불평등 확대로 이어질 수 있기 때문에 일자리 이행과 주거 이행을 위한 다각적 지원을 제공할 필요가 있다. 특히, 이행이 조기에 이루어지고 그에 따른 경제성장에 기여하고 있는 북유럽 국가들의 경우 청년들을 위한 사회주택 공급이나 주택수당과 같은 주거복지가 발달되어 있다는 점에 주목할 필요가 있다.

사회정책 또는 복지의 측면에서는, 빈곤경험이 이행에 부정적인 영향을 미치고, 이는 다시 심리·정서적 측면에서도 부정적 영향을 미칠 수 있다는 점에 주목하여 빈곤가구의 청년들의 자립을 촉진할 수 있는 지원정책을 강화할 필요가 있다. 예를 들어, 근로빈곤 청년들의 자산형성을 지원하기 위해 시행되고 있는 청년내일저축계좌의 지원규모, 적립기간, 통장유지 조건 등에 대한 전면적인 재검토가 필요하다. 또한 빈곤가구의 아동, 청소년들이 겪을 가능성이 큰 누적적 불이익을 제거하기 위한 자산형성제도를 확충하고 강화할 필요도 있다.

한편, 이행에 곤란을 겪고 있는 청년들의 부정적 정서 문제에 대응하기 위한 정책을 마련할 필요가 있다. NEET 청년, 고립은둔청년, 구직단념청년 등에 대한 심리정서적 지원을 강화할 필요가 있다. 또한 '느린 이행'에 대한 심리적 압박을 제거하고 여유를 누릴 수 있도록 시간을 보장할 수 있는 방안에 대한 고민도 필요하다. 일종의 사회적 휴가를 보장하고, 그 기간 동안 소득을 보조하는 방안을 검토할 수 있다. 예를 들어, 국민취업지원제도의 구직활동지원금의 요건을 완화하는 방안이나 지자체에서 시행하고 있는 청년(활동)수당을 보편화하는 방안을 검토해 볼 수 있다.

2. 정책 제언

이상과 같은 정책방향에 부합하는 세부적인 정책들에 대한 고민과는 별도로, 여기서는 원활한 성인으로의 이행 지원을 위한 몇 가지 구체적인 정책방안을 제시하고자 한다.

가. 청년배낭(포괄적 청년개인활동계좌)

청년배낭(포괄적 청년개인활동계좌) 도입은 '고용'이 아닌 '시민권'에 기반한 사회안전망 구상에서 출발한다. 앞서 이 연구에서는 성인으로의 이행경로 변화 또는 이행지연으로 대표되는 이행과정의 특성 변화가 야기할 수 있는 미시적, 거시적 측면을 검토하였다. 과거와 달리 성인으로의 이행경로가 단선적이거나 불가역적이지 않고 복잡하고 가역적인 방식으로 변화함에 따라 이행의 기간이 길어지면서 그 기간동안에 소모되는 다양한 자원들을 고려할 때 이행기간 동안 청년들이 필요로 하는 공적 자원들을 포괄적으로 지원할 수 있는 계기를 마련하는 것이 중요하다고 판단된다. 이 같은 맥락에서 이행기 청년 개개인이 자신의 이행과정에서 필요한 지원정책들을 적시에, 적절히 활용할 수 있도록 하는 것을 권리로써 보장하자는 것이 이 제안의 기본적 취지다. 이 같은 성격의 지원은 유럽연합의 청년보장제(youth guarantee)나 프랑스의 개인활동계좌[11] 등의 형태로 제공되고 있어 유사한 정책사례가 존재한다. 우리나라는 2020년 청년기본법 제정과 함께 이행기 청년에 대한 정부와 지자체의 지원을 권리적 차원으로 명시하게 되었지만, 다양한 정책들 중 이행과정에서 어려움을 겪고 있는 청년들에게 일목요연하게 정보가 제공되지 않고, 대부분의 정책들이 소득이나 고용조건 등의 자격기준을 두고 있어 성인기 이행지원을 보편적 권리로 인지하기에는 한계가 있다. 따라서 이 제안의 가장 핵심적인 취지는 이행과정에 있는 대한민국의 모든 청년들에게 이행기에 필요한 지원을 권리로 보장하고, 청년들은 이 권리를 명시적으로 인지할 수 있는 정책패키지를 제공받도록 한다는 것이다. 그 권리에 기반한 정책

---

11) 물론 프랑스의 개인활동계좌는 청년만을 대상으로 하는 정책은 아니다. 개인활동계좌는 취업이나 직업활동 여부와 관계없이 16세 이상의 모든 이를 대상으로 개설된다(박제성 외, 2016: 97).

패키지를 청년배낭(개인활동계좌)의 형태로 제공한다는 것이다. 물론, 배낭 속에 무엇을 담을 것인가에 대해서는 향후 논의가 필요하겠지만, 우선은 각 이행과정에 있는 청년들이 필요로 하는 욕구를 기반으로 내용이 구성될 필요가 있겠다.

이 같은 구상은 프랑스의 사회적 인출권(SDR)에 기반한 정책 사례를 참조한 것이다. 가장 직접적으로는 비정규직 근무 기간 만큼 장학금이나 건강보험 권리를 배낭에 담아 청년들의 노동시장의 불안정성에 대응해야 한다는 프랑스 사회학자 비야르의 제안에서 착안했다(비야르, 2021). 사회적 인출권과 관련되는 보다 구체적인 사례 혹은 제안은 크게 두 가지다. 하나는 프랑스 민주노동총연맹이 2018년 교섭에서 모든 사람이 개인 및 집단 권리 유지하도록 보장하는 'social backpack'을 주장한 것에서 착안한 것이다. 두 번째는 역시 프랑스의 개인활동계좌제의 사례로부터 착안한 것이다. 개인활동계좌제는 개인훈련휴가(1971) → 개인훈련권리(2004) → 개인훈련계좌(2015) → 개인활동계좌(2017)와 같이 확대되어 왔다. 가장 최근에 만들어진, 그리고 이 제안의 모티브가 된 개인활동계좌는 개인훈련계좌, 직업위험예방계좌, 공익활동계좌로 구성되어 있다(박제성 외, 2016).

이 같은 개념에 근거해서 제시하고자 하는 청년개인활동계좌는 이행기 청년들이 각자가 처한 상황에 따라 필요한 정책들을 가상의 정책꾸러미(혹은 배낭)에 담아 이행과정에서 필요로 할 때 하나씩 꺼내서 쓸 수 있도록 하자는 취지에서 출발한다. 이 같은 취지의 지원이 실제로 작동하기 위해서는 성인으로의 이행 과정을 시작하는 모든 청년들에게 하나의 꾸러미 형태로 정책패키지가 제공되는 것과 동시에 실제 작동을 위한 장치가 시스템적으로 구현될 필요가 있다. 우선 전체적인 구성 요소는 아래 표와 같이 제시할 수 있다.

<표 4-1> 청년배낭(포괄적 청년활동계좌)의 구성 요소

구분	청년배낭			청년멤버십
	금융계좌	사회서비스 계좌	활동계좌	
교육				온통청년 고도화, 복지멤버십(복지로)의 청년친화적 개편(지자체 사업 포함 등)
고용			개인훈련계좌	
주거	청년주택드림청약통장			
가족		국민행복카드 가족돌봄비		
기타	청년내일저축계좌, 청년도약계좌, 지자체 청년자산형성 지원사업		참여활동에 대한 보상(활동포인트, 타임뱅크 등)	

　청년배낭은 금융계좌, 사회계좌, 개인발달계좌의 3가지로 구성할 것을 제안한다. 먼저, 금융계좌에는 자신이 보유하고 있는 민간 금융사의 각종 계좌(저축, 보험 등)와 중앙 및 지자체의 복지급여, 자산형성지원사업을 포괄하는 공적 계좌로 구성된다. 사회계좌는 현재 통합된 바우처인 국민행복카드와 같은 사회서비스계좌와 가족돌봄청년의 자기돌봄비 등을 비롯한 각종 수당계좌로 구성한다. 마지막으로 개인발달계좌에는 내일배움카드 등의 훈련계좌와 일부 지자체에서 운영하고 있는 청년활동포인트나 타임뱅크 등이 담길 수 있다.

　한편, 이와 같은 계좌는 정보시스템을 통해서 지원될 필요가 있다. 상기 제시된 다양한 유형의 계좌들과 함께 현재 상황에서, 자신의 지역에서 받을 수 있는 각종 정책들 또한 청년개인활동계좌에 담겨야 한다. 이를 위해서는 현재 청년포털인 '온통청년'의 고도화가 추진될 필요가 있다. 고도화의 방법으로는 기존의 사회보장정보시스템이 제공하는 복지멤버십을 청년멤버십에 적용하는 방식을 생각할 수 있다. 개인, 가구의 상황을 기준으로, 현재 거주하는 지역에서 받을 수 있는 정책에 대한 맞춤형 안내가 제공될 필요가 있다. 이를 위해서는 '온통청년'과 '복지로'를 결합한 새로운 정보시스템 구축이 필요하다. 고도화 수준은 현재 '복지로' 수준으로 하되, 현재 '복지로'에서는 제공되지 않는 지자체 사업들을 포함시킬 필요가 있다. 또한 정책신청과 동시에 수급 자격 확인에 필요한 각종 공적자료의 연계도 이루어질 필요가 있다.

보다 장기적으로는 청년배낭과 정보시스템의 결합을 통해 복지제도의 '신청주의 원칙'을 넘어 욕구가 있는 청년들에게 권리로 주어지는 정책이 곧바로 제공될 수 있도록 정책전달체계를 전면적으로 개편할 필요가 있다.

나. 참여소득형 청년일자리보장제

일자리보장제(Job Guarantee)는 유효수요 부족에 따른 비자발적 실업의 일상적 발생문제에 주목한 포스트케인지언과 현대화폐이론(MMT) 계열 학자들을 중심으로 발전되어온 고용정책 구상이다. 국가가 최후의 고용주(Employer of Last Resort)로서 누구에게나 유급으로 사회적으로 의미 있는 일자리를 제공할 책임이 있다는 아이디어에 기반한다. Kalecki의 정치경제학(Kalecki, 1943)에 기반하여, Minsky의 금융불안정과 경기순환에 대응하기 위하여 정부가 직접 고용을 제공하는 제도 구상(Minsky, 1965, 1986)으로 발전되었다. 이후 포스트케인지언과 MMT 계열 경제학자들이 일자리보장제를 제시하였고(Wray 1998, Mitchell, 1998), 이와 같은 기반에 근거하여 실제 일자리보장제가 시행된 크고 작은 다양한 사례들이 Tcherneva에 의해 정리되어 있다(Tcherneva, 2020).

포스트케인지언의 기본적인 문제의식은 실업의 사회적 비용을 줄이고, 사회안전망을 복원함으로써 경기변동과 경제충격을 완충하고, 이와 함께 지역이 필요로 하는 사회서비스와 공공재 창출함으로써 시장이 할 수 없는 사회적으로 가치 있는 일자리를 창출한다는 것이다. 이와 같은 일자리보장제는 몇 가지 역사적 사례가 존재한다.

먼저, 1930년대 미국의 뉴딜(New Deal) 정책의 일환으로 젊은 실업자들에게 산림 조성, 토지 보존, 국립공원 개발 등을 통한 일자리를 제공한 사례(Civilian Conservation Corps, CCC)와 도로, 교량, 학교, 병원 등 사회간접자본 건설 및 예술·문화프로젝트를 지원한 사례(Works Progress Administration, WPA)를 들 수 있다.

2002년 아르헨티나의 헤페스 데 호가르(Jefes de Hogar) 프로그램은 국심한 경제위기에 대응하기 위하여 실업 가구에게 공공사업 참여조건으로 급여를 지급한 사례다. 공공사업은 저소득층 가구에게 사회서비스를 제공하고, 지역사회에서 일자리를 제공하는 방식으로 운영되었다. 사회적 불안 완화와 빈곤층 소득 보전에 효과가 있었으나, 장기 고용으로의 전환은 제한적이었다.

청년정책과 관련해서 참고할 수 있는 일자리보장제의 사례로 스코틀랜드의 청년보장(Young Person's Guarantee)을 들 수 있다. 코로나 19에 대응하기 위하여 2020년 11월부터 시작된 이 프로그램은 16~24세 청년을 대상으로 취업, 견습, 추가교육 또는 고등교육, 훈련, 자원봉사 등의 기회를 최소 2년간 제공하고, 1천 개 이상의 고용주(사업장)와 취업준비, 건강, 재무관리, 차별 등의 이슈에 관여하는 청년들이 주체가 된다. 고용주와 참여 청년들은 온라인 플랫폼(https://opportunities.youngpersonsguarantee.scot/)을 통해서 연결되고, 지역기반 네트워크(DYW)와 협력하는 구조로 운영된다. 코로나 19로 인한 펜데믹이 종료된 이후에도 이 제도는 여전히 시행되고 있다.

한편, 미국 시민기후단(Civilian Climate Corps)은 앞서 뉴딜 정책의 일환으로 운영되었던 프로그램을 모티브로 하여 바이든 대통령 재임 시절 기후 위기 대응과 청년 일자리 창출 목적으로 운영된 프로그램이다. 재생에너지 설치(태양광 패널), 산불예방 및 대응, 서식지 복원 및 보존, 에너지 효율화 및 주택개보수, 기후 스마트 농업 및 산림 관리 등의 업무에 청년들이 종사하도록 하는 내용을 담고 있다. 2023년 9월 2만 명으로 시작하여 2031년까지 연간 5만 명으로 확대할 계획을 가지고 운영되었지만 트럼프 정부가 들어서면서 이 사업은 종료되었다. 그러나 연방정부 사업 종료 후에도 산림청과 AmeriCorps NCCC라는 연방기관이 공동으로 운영하는 산림봉사단(Forest Corps)은 5년간 1,500만 달러를 지원할 계획을 가지고 운영되고 있으며, 매릴랜드 기후단(Maryland Climate Corps)과 같은 주정부 주도 프로그램은 운영되고 있다. 전자는 18~24세 청년을 대상으로 산불 위험 완화, 재조림, 환경보전, 자원관리 분야에서 봉사활동에 참여하도록 하고, 활동기간 동안 식료품과 주거에 필요한 기본비용, 프로그램과 관련되는 여행비용, 적정수준의 생활수당, 훈련, 연방 학자금 대출 유예(활동기간 중 발생한 이자 전액 지원) 등의 혜택을 받는다(AmeriCorps NCCC Forest Corps 홈페이지). 후자는 청년들에게 직업기술을 습득하고 의미 있는 지역사회 봉사를 통해 참여기회를 제공함으로써 청년들의 기후환경 분야의 전문가로 성장할 수 있도록 지원한다(Chesapeake Bay Trust 홈페이지).

이와 같은 논의내용과 사례를 바탕으로, 참여소득의 방식으로 청년 일자리보장제를 제안하고자 한다. 사회적으로 가치가 있지만 시장에서 그 가치를 인정받지 못하는, 즉 시장이 창출할 수 없는 일자리를 이 일자리에서 일할 의향이 있는 모든 청년들에게 정부가 직접 제공하는 방식이다. 우선적으로 고려할 필요가 있는 일자리보장의 영역으로는 기후대응과 돌봄이다. 급속한 기후변화는 새로운 사회적 위험으로 급부상하고 있으며, 이에 따라 기후대응의 중요성은 재론의 여지가 없다. 한편, 급속한 고령화에 따른 노인돌봄의 중요성이 커지고 있고, 공적 아동돌봄 서비스 강화가 저출산 해법의 하나로 인식되고 있는 한편, 여성의 노동시장 참여율 제고를 위해서도 공적 돌봄서비스의 중요성이 커지고 있는 상황에서 돌봄서비스 확충은 사회보장제도의 중요한 의제로 부각되고 있다. 이에 기후대응행동과 돌봄의 영역에서 청년들을 대상으로 하는 참여소득 방식의 일자리보장제를 제안하고자 한다.

2024년 7월 기준 일도 구직활동도 하지 않고 그냥 '쉰다'는 청년들이 44.3만 명으로 전년 대비 10.4%가 증가하였고, 이는 관련 통계를 작성하기 시작한 2003년 7월의 23.2만 명에 비해 90.7%나 증가한, 역대 최대치다(통계청, 2024.7.16.). 한국은행은 지난 1년간 증가한 '쉬었음' 청년인구를 분해한 결과 자발적 사유와 비자발적 사유의 기여율이 각각 28%, 72%인 것으로 보고하고 있다(한국은행, 2024.12.6.). 이처럼 쉬고 있는 청년층이 빠른 속도로 증가하고 있는 상황에서 이들이 사회적으로 고립되지 않고 노동시장으로 진입할 수 있는 정책적 노력이 중요한 시점이다. 이에 우선적으로 이들에게 기후와 돌봄 영역에서의 일자리를 제공하고 훈련과 참여소득을 지원하는 방안을 검토할 필요가 있다.

참여소득형 일자리보장제에서 중요한 것은 단순히 청년실업률이나 비경제활동 인구비율을 낮추기 위한 단기의 질 낮은 일자리 제공의 수준을 넘어 해당 분야의 전문적인 일자리로 끌어올릴 수 있는 기회제공이다. 이를 위해서 질 높은 교육훈련과 더불어 적정 수준의 참여소득을 보장할 수 있도록 설계할 필요가 있다.

참고문헌

교육부·한국교육개발원 교육통계서비스. (2024). KESS(https://kess.kedi.re.kr/)
김기헌, 오병돈. (2024). 2024 한국아동·청소년 패널조사 : 데이터분석보고서 - 성인기 이행. 한국청소년정책연구원.
김나연. (2024.7.17.). '캥거루족' 韓 OECD 1위…20대 81%가 부모에 얹혀산다. 매일경제. https://www.mk.co.kr/news/business/11069567
김문길, 김성아, 한겨레, 김병권, 전광희, 조준모. (2021). 청년층 삶의 환경 변화 진단과 사회보장제도 개편 방향 모색을 위한 연구. 한국보건사회연구원.
김문길, 김기태, 최선영, 우선희, 김상배, 노법래. (2023). 이행기 청년 삶의 궤적에 관한 연구: 이행 특성의 변화와 요인 분석. 한국보건사회연구원.
김영, 황정미. (2013). "요요 이행"과 "DIY 일대기" 이행기 청년들의 노동경험과 생애 서사에 대한 질적 분석. 한국사회, 14(1), 215-260.
김유경, 이진숙, 손서희, 조성호, 박신아. (2018). 중·장년층 가족의 이중부양 부담 구조 변화와 대응방안 연구. 한국보건사회연구원.
김현우, 이두헌. (2021). 지역특성과 청년의 순이동: 지역경제 요인의 영향에 대한 연령집단 간 차이 분석. 지역발전연구, 30(2), 25-50.
김혜경, 이순미. (2012). '개인화'와 '위험': 경제위기 이후 청년층 '성인기 이행'의 불확실성과 여성내부의 계층화. 페미니즘연구. 제12권 제1호. 35-72.
김혜은 정소현, 이강민, 황윤서, 이현정. (2021). 청년의 부모의존동거에 대한 청년과 부모세대의 경험과 인식. 한국생활과학회지. 제30권 5호. 1017-1029.
남춘호, 남궁명희. (2012). 생애과정의 탈표준화 경향에 대한 경험적 연구 - 성인기이행의 구조변동을 중심으로-. 지역사회연구, 20(2), 91-128.
문혜진. (2010). 생애과정 관점에 대한 고찰과 적용: 성인으로의 이행과정에 대한 탐색적 분석. 사회복지연구, 41(3), 349-378.
박제성, 홍기원, 조용만, 손영우. (2016). 프랑스 노동법 개정 과정에 대한 분석과 시사점. 한국노동연구원.

박종서, 임지영, 김은정, 변수정, 이소영, 장인수, 조성호, 최선영, 이혜정, 송지은. (2021). 2021년도 가족과 출산조사. 한국보건사회연구원.

박주영, 유소이. (2018). 부모의존 독신성인 자녀를 둔 비은퇴자 가계의 은퇴준비에 대한 평가. Financial Planning Review. 제11권 3호. 57-77.

비야르. (2021). 기나긴 청춘: 어른 되기가 유예된 사회의 청년들, 황소걸음. (원문) Viard, J. (2019). *un nouvel âge jeune ? Devenir adulte en société mobile.* L'Aube.

은기수, 박건, 권영인, 정수남. (2011). 취약위기계층 청년의 성인기 이행에 관한 연구. 한국청소년정책연구원.

이병희, 장지연, 윤자영, 성재민, 안선영. (2010). 청년기에서 성인기로의 이행과정 연구Ⅰ: 우리나라의 청년기에서 성인기로의 이행 실태. 서울: 한국노동연구원.

이봉조. (2022). 상품화·금융화된 주택시장에서의 의존적 독립과 주거선택전략: 서울 거주 30대 청년들의 경험을 중심으로. 공간과 사회, 32권 2호, 248-288

이상직. (2020). 전환기 성인 이행 경로의 변화_1970-1984년 코호트의 교육노동가족이력. 서울대학교 대학원 사회학과. 박사학위논문.

이소영, 김은정A, 박서연, 박종서, 변수정, 오미애, 이상림, 이지혜A. (2018). 2018년 전국 출산력 및 가족보건·복지 실태조사. 한국보건사회연구원.

이순미. (2014). 생애과정의 복합적 탈근대화와 가족화와 개인화의 이중적 과정: 1955-1974년 성인기 이행 배열분석을 중심으로. 한국사회학. 제48권 2호. 67-106.

이순미. (2017). 노동경력과 가족경로 분석을 통해 본 청년기 연장(long youth)의 젠더 차이. 한국여성학. 제33권 2호. 181-244.

장미혜, 정해숙, 마경희, 김여진. (2011). 청년기에서 성인기로의 이행과정 연구 2: 성인기 이행의 성별차이 연구. 경제·인문사회연구회.

조하현, 임성훈, 임형우. (2019). 인구구조 변화가 경제성장에 미치는 효과: VARX 모형을 이용한 한국(1987~2017) 사례 분석. 한국경제연구. 제37

권 4호. 113-142.

최선영, 권영지, 이원진, 윤태영. (2023). 성인이행기의 생애과정 위험과 가족의 대응 실태. 한국보건사회연구원.

최선영, 이지혜, 윤태영. (2022). 가족형성과 사회불평등에 관한 연구. 한국보건사회연구원.

최진희. (2024). 성인기로의 이행을 통해 본 저출생 시대 청년층의 교차적 불평등. 여성연구. 제122권 3호. 5-36.

통계청 국가통계포털(2024), 경제활동인구조사 청년층 부가조사 자료. 성별 첫 일자리의 근로형태(졸업/중퇴취업유경험자).

https://kosis.kr/statHtml/statHtml.do?orgId=101&tblId=DT_1DE9062S&conn_path=I2

통계청 국가통계포털. (2024). 경제활동인구조사 청년층 부가조사 자료. 성 및 학제별 대학졸업소요기간.

https://kosis.kr/statHtml/statHtml.do?orgId=101&tblId=DT_1DE9049S&conn_path=I2

통계청 국가통계포털. (2024). 경제활동인구조사 청년층 부가조사 자료. 성성별/첫 취업 소요기간 및 평균소요기간(졸업/중퇴 취업유경함자.

https://kosis.kr/statHtml/statHtml.do?orgId=101&tblId=DT_1DE9058S&conn_path=I2

통계청. (2024.07.16.). 2024년 5월 경제활동인구조사 청년층 부가조사 결과. 보도자료.

https://kostat.go.kr/board.es?mid=a10301010000&bid=210&list_no=431803&act=view&mainXml=Y

한국고용정보원. 고령화고용패널조사. 각년도

한국보건사회연구원, 서울대 사회복지연구소. 한국복지패널조사. 각년도

한국은행. (2024.12.6.). 쉬고 있는 청년들, 일과 쉼 사이에서 늘어나는 배경은?. 한국은행 블로그

(https://www.bok.or.kr/portal/bbs/B0000347/view.do?nttId=100

88473&searchCnd=1&searchKwd=&depth2=201106&depth=201106&pageUnit=10&pageIndex=1&programType=newsData&menuNo=201106&oldMenuNo=201106#4)

Alesina, A., P. Giuliano, (2007). The Power of the Family. NBER Working Paper No. 13051. National Bureau of Economic Research.

Alessie, R., Brugiavini, A., Weber, G., Desai, M.A., McMahon, M. (2004). Saving and Cohabitation: The Economic Consequences of Living with One's Parents in Italy and the Netherlands. NBER International Seminar on Macroeconomics. 413-457. The University of Chicago Press.

AmeriCorps NCCC Forest Corps. homepage.
https://www.americorps.gov/serve/americorps/americorps-nccc/forest-corps

Beck, U. (1992). *Risk Society: Towards a New Modernity*. Sage, London.

Beck, U., Beck-Gernsheim, E. (2002). *Individualization. Institutionalized Individualism and Its Social and Political Consequences*. London: Sage.

Bick, A., Blandin, A., Rogerson, R. (2024). Hours Worked and Lifetime Earnings Inequality. NBER Working Paper Series. 32997. National Bureau of Economic Research.

Billari, F. C., Aassve, A. (2001). Patterns of leaving home: Age, family resources, and household characteristics. In Corijn, M., & Klijzing, E. (Eds.), *Transitions to Adulthood in Europe* (pp. 145-175).

Billari, F. C., Liefbroer, A. C. (2007). Should I stay or should I go? The impact of age norms on leaving home. *Demography*, 44(1), 181-198.

Billari, F., Tabellini, G. (2010). Italians Are Late: Does It Matter?. NBER Chapters, in: *Demography and the Economy*, pages 371-412, National Bureau of Economic Research, Inc.

Billari, F.C. (2001). The analysis of early life courses: complex descriptions of the transition to adulthood. *Journal of Population Research*, 18(2), 119-142.

Billari, F.C. (2004). Becoming an Adult in Europe: A Macro(/Micro)-Demographic Perspective. *Demographic Research. Social Collection 3*, Article 2. Max-Plank Gesellshaft.

BIllari, F.C., Aassve, A. (2007). Strings of Adulthood: A Sequence Analysis of Young British Women's Work-Family Trajectories. *European Journal of Population,* 23(3), 369-388.

Billari, F.C., Hiekel, N., Liefbroer, A.C. (2019). The Social Stratification of Choice in the Transition to Adulthood. *European Sociological Review*. Vol 35(5). 599-615.

Carnevale, A., Rose, S.Jl, Chea, B. (2002). *The College Payoff: Education, Occupations, Lifetime Earnings*. Center on Education and the Workforce.

Chesapeake Bay Trust, homepage (https://cbtrust.org/maryland-climate-corps/).

Chevalier T. (2022). Revenu minimum ou politique d'insertion? La trajectoire de réformes du soutien au revenu des jeunes en France. *Revue française des affaires soci*ales, 3, 47-63.

Cook, T. D., & Furstenberg, F. F. (2002). Explaining aspects of the transition to adulthood in Italy, Sweden, Germany, and the United States: A cross-disciplinary, cross-national comparison. *Annals of the American Academy of Political and Social Science*, 580(1), 257-287.

Dalla Zuanna, G. (2000). The banquet of Aeolus: A familistic interpretation of Italy's lowest low fertility. *Demographic Research*, 4, Article 5, 133-162.

Eurostat. (2024). Estimated average age of young people leaving their parental household. Retrieved from https://ec.europa.eu/eurostat/databrowser/view/YTH_DEMO_030__custom_7245840/bookmark/table?lang=en&bookmarkId=8187eeda-6c5b-48fc-ba39-4e8cf6eee71b

Florida, R. (2002). *The Rise of the Creative Class: And How It's Transforming Work, Leisure, Community and Everyday Life*. New York: Basic Books.

Furstenberg, F. F. (2010). On a new schedule: Transitions to adulthood and family change. *Future of Children*, 20(1), 67-87.

Giannelli, G.C., Monfardini, C. (2003). Joint decisions on household membership and human capital accumulation of youths. The role of expected earnings and local markets. *Journal of Population Economics*, Springer; European Society for Population Economics, vol. 16(2), 265-285.

Kalecki, M. (1943). Political Aspects of Full Employment. Political Quarterly, 14(4), 322-331.

Karagiannaki, E. (2024). Transition to adulthood in an intergeneraional family context: a cohort and gender analysis based on Understanding Society, Understanding Society Working Paper 2024-06, Colchester: University of Essex.

Lindh, T., & Malmberg, B. (1999). Age structure effects and growth in the OECD, 1950-1990. *Journal of Population Economics*, 12(3), 431-449.

Livi Bacci, M. (2001). Too Few Children and Too Much Family.

Daedalus, 130(3), 139-155.

Manacorda, M., Moretti, E. (2006). Why Do Most Italian Youths Live with Their Parents? Intergenerational Transfers and Household Structure. *Journal of European Economic Association*, Volume 4. 800-829.

Mankiw, N. G., Romer, D., & Weil, D. N. (1992). A Contribution to the Empirics of Economic Growth. *Quarterly Journal of Economics*, 107(2), 407-437.

Mazzuco, S. (2002). Analyzing life course: A sequence analysis approach. *Canadian Studies in Population*, 29(2), 439-458.

Mazzuco, S. (2006). The impact of children leaving home on parents' well-being: a comparative analysis of France and Italy. *Genus*, LXII(3-4) (pp. 35-52).

McDonald, P. (2013). Societal foundations for explaining low fertility: Gender equity. *Demographic Research*, 28, 981-994

Mencarini, L., Tanturri, M.L. (2006). A Home to Grow Up In: Italian Youth, Housing Autonomy, and the Role of the Family.

Minsky, H.P. (1965). The Role of Employment Policy. In M. Gordon (Ed.), *Poverty in America*.

Minsky, H.P. (1986). *Stabilizing an Unstable Economy*. Hyman P. Minsky Archive. 144.

Mitchell, W. (1998). The Buffer Stock Employment Model and the NAIRU: The Path to Full Employment. *Journal of Economic Issues*, 32(2), 547-555.

OECD (2023), "SF2.3 Age of mothers at childbirth and age-specific fertility", OECD Family Database, http://oe.cd/fdb, based from Eurostat demographic statistics
(https://ec.europa.eu/eurostat/databrowser/product/view/DEM

O_FIND) and National Statistical Offices.

OECD Social Expenditure database retrieved from https://www.oecd.org/en/data/datasets/social-expenditure-database-socx.html

OECD. (2011), Society at a Glance 2011: OECD Social Indicators, OECD Publishing, Paris

OECD. (2024). Society at a Glance 2024: OECD Social Indicators, OECD Publishing, Paris.

Putnam, R. D. (2015). *Our Kids: The American Dream in Crisis*. New York: Simon & Schuster.

Ritschard, G., Gabadinho, A., Studer, M. (2013). Mining sequence data in social science: Uncovering patterns in individual life courses. In *Longitudinal and Life Course Studies*, 4(3), 221-239

Settersten, R. A. (Ed.). (2003). *Invitation to the Life Course: Toward New Understandings of Later Life*. Amityville, NY: Baywood Publishing.

Settersten, R. A. (2007). Passages to Adulthood: Linking Demographic Change and Human Development. *European Journal of Population*, 23(3-4), 251-272.

Settersten. R.A., Ray, B. (2010). *Not Quite Adults: Why 20-Somethings Are Choosing a Slower Path to Adulthood, and Why It's Good for Everyone*. Delacorte Press.

Settersten, R. A. (2018). The Contemporary Context of Young Adulthood in the United States: From Demography to Development, from Private Troubles to Public Issues. In Furlong, A. (Ed.), *Routledge Handbook of Youth and Young Adulthood* (2nd ed., pp. 37-45). Routledge.

Stuber, J., Ritschard, G., Studer, M. (2011). Discrepancy analysis of state sequences. *Sociological Methods & Research*, 40(3), 471-510.

Tanturri, M. L. (2016). Aging Italy: Low Fertility and Societal Rigidities. in Rindfuss, 221-257. in R.R., Choe, M.K., (2016). Low Fertility, Institutions, and their Policies:Variations across industrialized countries. Springer.

Tcherneva. P. (2020). *The Case for a Job Guarantee*. Polity.

von Wachter, T. (2020). The Persistent Effects of Initial Labor Market Conditions for Young Adults and Their Sources. *Journal of Economic Perspectives*, 34(4), 168-194.

Walther, A. (2006). Regimes of Youth Transitions Choice Flexibility and Security in Young People's Experiences across Different European contexts. *Young. Nordic Journal of Youth Research*, 14(2), 119-139.

Wray, L. R. (1998). *Understanding Modern Money: The Key to Full Employment and Price Stability*. Edward Elgar.

Zhang, X., Hammersmith, A. M. (2023). Children's adult transitions and parents' health: Education, employment, family, and incarceration. *Journal of Health and Social Behavior*, 64(2), 221-239

Abstract

Changes in Youth Transition Pathways: Consequences and Implications for Population and Social Policy

Project Head: Kim, Moon-Gll

This study examines how changes in young adults' transition-to-adulthood pathways in Korea affect individuals, families, and society, and derives policy implications from a demographic perspective. Against the backdrop of de-standardized and delayed transitions, the study aims to identify micro-level (young adults themselves and their parents) and macro-level (demography and social protection) consequences and to propose directions for youth policy.

Methodologically, we combine literature review with empirical analyses using micro-data. We apply sequence analysis, FFLasso regression, and group comparisons, accounting for heterogeneity in gender, area, poverty experience, and education.

Key findings are: (1) Poverty experience and low education substantially delay or stall transitions to employment, home-leaving, and marriage, which suggests a pattern of cumulative disadvantage.

(2) Delayed or unrealized transitions are, on average, associated with higher depressive symptoms.

Co-Researchers: Park, Soeun·Roh, Beop Rae·Byun, Soyeon

(3) The timing of employment and marriage—more than graduation or home-leaving—significantly shapes later income and fertility.

(4) For parents, financial burdens increase, while emotional outcomes are mixed; limitations in cross-sectional data suggest the need for future research on the long-term effects of these transitions.

At the macro level, a "delayed transition trap" may generate a vicious cycle across demographic, economic, and social domains.

Policy implications include reframing youth policy from a life-course perspective, expanding early interventions to children and adolescents, and strengthening integrated support in housing, labor, and education. In particular, the conclusion highlights two complementary instruments: a Youth Backpack (Comprehensive Youth Activity Account)—a portable, account-based support packageto mitigate early-life income, asset, and job-search risks—and a Job Guarantee that provides quality employment during cyclical and structural transitions, explicitly linked to participation-income pathways in the care and climate domains.

Key words : young adult, pathway of transition to adulthood, delayed transition trap, youth backpack, job guarantee